韩平 著

# 修口

中国财富出版社有限公司

### 图书在版编目（CIP）数据

修口 / 韩平著 . -- 北京：中国财富出版社有限公司, 2024.11. -- ISBN 978-7-5047-8272-4

Ⅰ . H019-49

中国国家版本馆 CIP 数据核字第 2024K3Y369 号

| | | | | | |
|---|---|---|---|---|---|
| 策划编辑 | 张彩霞 | 责任编辑 | 贾紫轩　宋水秀 | 版权编辑 | 李　洋 |
| 责任印制 | 梁　凡 | 责任校对 | 张营营 | 责任发行 | 杨恩磊 |

| | | |
|---|---|---|
| 出版发行 | 中国财富出版社有限公司 | |
| 社　　址 | 北京市丰台区南四环西路 188 号 5 区 20 楼　　邮　编　100070 | |
| 电　　话 | 010-52227588 转 2098（发行部）　010-52227588 转 321（总编室） | |
| | 010-52227566（24 小时读者服务）　010-52227588 转 305（质检部） | |
| 网　　址 | http://www.cfpress.com.cn | 排　版　博峰文化（北京）有限公司 |
| 经　　销 | 新华书店 | 印　刷　三河市天润建兴印务有限公司 |
| 书　　号 | ISBN 978-7-5047-8272-4/H・0167 | |
| 开　　本 | 710 mm×1000 mm 1/16 | 版　次　2025 年 1 月第 1 版 |
| 印　　张 | 12.5 | 印　次　2025 年 1 月第 1 次印刷 |
| 字　　数 | 166 千字 | 定　价　52.00 元 |

版权所有・侵权必究・印装差错・负责调换

# 前 言

## 修口就是修心，修心就是修行

修行不仅是指躲在深山古刹中的修炼。人的一生，每天的生活、工作、与人交往都是在修行，一个人的身体实践、心灵成长就是修行的过程。

真正的修行，是修心。《金刚经》说："一念初起，无有初相。"人的善恶之别，往往就在一念之间。修行是修正自己，而不是修正别人。真正的"灵山"，需要向自己内心求。内心就是净土，心安便有归处。

人活一世，修心一生。《鬼谷子·捭阖》云："口者，心之门户也。"修口就是修心。

正所谓言为心声，语言反映了一个人的思想情感和性格修养。心地善良正直的人，说出来的话必然真诚可信、悦耳动听。与这样的人交谈，人们会感受到真诚、善良、宽容和慈悲，让人如沐春风。

人这一生，只用一两年时间就能学会说话，却要花几十年才能管住嘴。"祸从口出"，一个人说话的方式很重要，如果说话的方式不对，就容易造"口业"。何谓口业？按照佛家的说法，恶口、妄言、绮语、两舌，都是"口业"，儒释道都把"善护口业"摆在重要的位置。

《醒世恒言》有云："舌为利害本，口是祸福门。"一个人说什么样的话，怎么说话，很大程度上影响这个人的人生走向。当你管不住自己的嘴，也就意味着留不住福气。如果你能够时时提醒自己要修口，并践行"善护口业"的原则，就会广结善缘，人生的路也会越走越宽、越走越顺。

舌上有龙泉，杀人不见血。修口就要管住嘴，少议论，少吹嘘，少传播，不能让话不经过思考就说出去，不要让别人难堪，也不要伤害他人。

说话既是一种修行，也是一门艺术。说得好，能获得他人的好感，说得不好，好心也会办坏事。着急时，要沉下心慢慢说；对某事没有把握时，要严谨地说；当言语可能伤害他人时，宁可选择沉默……总之，要用他人容易接受的方式，传达你的信息和建议。

修口，修的是心。要存虚心，懂得倾听；要存正心，不出恶言；要存诚心，言语真挚；要存爱心，呵护他人。总之，我们修行的目的就是说好话，行好事，做好人。

让我们从好好说话开始，修口、修心、修行。愿我们每个人口中吐出锦绣岁月，舌尖绽放温暖人间。

# 目录

## 第一章 戒恶口
### ——善护口业，不讥他过

| | |
|---|---|
| 毒"舌"恶言，伤人损己 | 002 |
| 语言失控，有理也会变得无理 | 005 |
| 语言暴力，最无用，也最伤人 | 009 |
| 诋毁是无能狂怒者的"勋章" | 013 |
| 出言羞辱他人，只会降低自身格调 | 016 |
| 即便有理，也不能"无礼" | 019 |
| 讥笑与嘲讽，彰显内心的浅薄 | 024 |

## 第二章 戒妄言
### ——诈与妄，奚可焉

| | |
|---|---|
| 谣言止于智者，兴于愚者 | 030 |

| | |
|---|---|
| 口出妄言，消耗的是你的人品 | 034 |
| 别把道听途说当"真理" | 039 |
| 未经查证之事，不要轻易说出口 | 043 |
| 谨言慎行，网络不是"法外之地" | 046 |
| 少妄言，有种犯罪叫"诽谤" | 050 |

## 第三章 戒绮语
### ——以非时故，邪言不正

| | |
|---|---|
| 注意场合，幽默不是"万金油" | 054 |
| 时机不对，说得再好也是"罪" | 057 |
| 对象不同，说话也当不相同 | 062 |
| 开口之前，先摆清自己的"身份" | 066 |
| 赞美和谄媚，不过一线之隔 | 070 |
| 与人交往，言语分寸要把握 | 074 |

## 第四章 戒谗言
### ——口说是非，心生烦恼

| | |
|---|---|
| 来说是非者，便是是非人 | 080 |
| 暗室亏心，神目如电 | 083 |
| 无心是非语，利如杀人刀 | 087 |

静以修心，不言他人是非　　　　　　　　091

嫉妒生恶念，恶念生谗言　　　　　　　　095

良心不正，才喜搬弄是非　　　　　　　　099

## 第五章

## 戒漏言
——喜传语者，不可与语

人生之害，多源于口无遮拦　　　　　　　104

一张"大嘴巴"，尽毁好前程　　　　　　108

不要拿别人的隐私当话题　　　　　　　　113

守得住秘密，才能争得到利益　　　　　　117

守口如瓶，是成年人的社交修养　　　　　121

职场禁忌：莫在人后"嚼舌根"　　　　　125

## 第六章

## 戒多言
——万言万当，不如一默

先学会"听"，才能知道"怎么说"　　　130

沉默是语言艺术中最好的"留白"　　　　133

多听少说，最不容易出错　　　　　　　　137

当对方出错时，最好先保持沉默　　　　　141

## 第七章 戒直言
### ——莫要直中取，要在曲中求

心直口快不是情商低的"遮羞布" … 148

看破不说破，是宽容，更是尊重 … 152

忠言顺耳，更利于行 … 156

提防容易得罪人的"口头禅" … 161

懂变通，行人不与路结仇 … 167

## 第八章 戒矜言
### ——满招损，谦受益

最高明的"显摆"是自谦 … 172

自夸是虚荣，被夸是殊荣 … 176

话不说满，才能给自己留后路 … 180

"达克效应"：你的"大话"只有自己相信 … 184

自信让人发光，狂妄惹人生厌 … 188

# 第一章 戒恶口

——善护口业，不讥他过

# 毒"舌"恶言，伤人损己

生活里，什么东西杀伤力最大？是刀枪剑戟、斧钺钩叉，还是砒霜、鹤顶红、三聚氰胺、百草枯？诚然，上面说的这些东西都很可怕，不过我们常见、也容易忽略的伤人利器，却是语言。

语言是有力量的，可以伤人于无形。在很多时候，我们既是语言的受害者，同时也是施害者。

世间很多悲剧源于恶言恶语，譬如常见的家庭中的婆媳不睦，夫妻之

## 第一章 | 戒恶口

间彼此由爱生恨；又譬如工作中同事之间互不配合，员工老板互相"整顿"；甚至陌生人之间因一点口角而使冲突升级，导致进医院、进监狱……

古人也有"祸从口出"的说法。《醒世恒言》有云："舌为利害本，口是祸福门。"这句话告诉人们，一个人的言谈是影响自身利害、祸福的关键，警示人们说话一定要慎之又慎。

不过，生活中毒舌之人还是随处可见的，甚至有些人觉得毒舌代表了真诚，不虚伪。其实，这是错误的逻辑，只要换位思考一下，你就能发现毒舌之人说出的话，即使出于好心，那种尖酸刻薄的态度对人也只有赤裸裸的伤害。

更何况，恶言还可能会反噬自身，酿下苦果。

"融四岁，能让梨"，全中国的家长都拿《三字经》里的这个故事来教育孩子，让他们懂得"谦让"。然而，很少有家长告诉孩子孔融长大后的故事，特别是他的"毒舌"甚至给全家带来了杀身之祸。

建安元年（196年），袁绍之子袁谭攻打青州。孔融作为州刺史，在将士们浴血奋战之时，他却仍在房内读书，随后兵败只身逃走，妻儿成为俘虏。同年，汉献帝征召孔融入都城许昌当官，成为曹操的同僚。

孔融是孔子后人，又是当世大儒，曹操非常尊敬他，但孔融却在言语上屡屡冒犯曹操。

曹操攻破邺城后，长子曹丕见袁绍之子袁熙之妻甄氏美貌，便强行纳甄氏为妻。曹操知道后顺水推舟，称甄氏"真吾儿媳也"。孔融听说这件事后，就给曹操写了一封信，说："武王伐纣，以妲己赐周公。"曹操知道孔融读书多，就问孔融这典故出自何处，结果孔融回答："以今度之，想当然耳。"意思是说照现在的情况推测，想必当时的情形也是这样的。

孔融阴阳怪气地讽刺，曹操忍了。

## 修口

建安十二年（207年），曹操北征乌桓。孔融认为曹操这种举动是好大喜功、穷兵黩武，但是他不直接劝谏曹操，而是讽刺道："从前肃慎（女真人前身）不进贡楛矢，这是看不起我们大汉朝啊，还有那贝加尔湖畔的丁零人，曾经偷过苏武放牧的牛羊，这两件陈年旧案，大将军闲着也是闲着，不如一起征讨了吧！"

孔融的"毒舌"最终还是触怒了曹操。建安十三年（208年），曹操给孔融定了数条罪状，将他置于死地。

4岁时即以孝道闻名全国的孔融，就这样被曹操以"违天反道，败伦乱理"为由而杀死，令人叹息。

语言是一把双刃剑，说出去的话也会反作用到我们自身。毒舌恶言，讽刺挖苦、伤人尊严，说的时候痛快，却容易结下恶缘。正所谓良言一句三冬暖，恶语伤人六月寒，因此为人处事，要把握好语言的温度。

我们要明白刻薄尖酸不是真诚，口无遮拦不是随性，不分轻重也不叫耿直。讲话难听，只会令人反感。正如我们自己也不喜欢被人恶言以对，己所不欲，勿施于人。

人的命运，与口德息息相关。修口既是修心，也是修德。好好说话，是做人基本的善良，也是一种宝贵品质。

# 语言失控,有理也会变得无理

为了表达自己激烈的情绪,说出的粗言恶语,或尖酸刻薄,或蛮横粗暴,总之使听者难过、内心受伤的语言,都可以称为"恶口"。

恶口之所以要戒除,不仅是因为它常常会招惹祸端,也因为它往往会带来一个结果——有理变无理。

经常遇到这样的情形——两个人因为某件事情争论起来，A本来是占理的一方，但因为他觉得道理在自己一边，"胜券在握"，说起话来便"不讲究"，或是脏话随口而出，或是态度极其蛮横，此时B便会抓住A的小辫子，质问道：

"你凭什么骂人，说脏话？"

"你这是什么态度？大吼大叫干什么？"

于是，情况瞬间逆转，A从有理变成了无理。

有位律师讲过一个真实的案例：某市有一对情侣，平时非常恩爱，但在生活中难免会有磕磕碰碰。有一次，两人因为琐事吵架了，两人都年轻气盛，觉得自己有理，都不愿意先低头。

于是女孩跑到河边，望着滚滚的河水，一时有些想不开，但是还想着给男方一个"认错"的机会，就给男方发了自己光着脚丫站在河边的照片。如果这时候男方能够放弃"讲道理"的想法，转而"讲感情"给女方一个台阶下，两人应该很快就重归于好。

然而，男孩的选择恰恰相反，他认为"我有理，凭什么认错"，不仅没有安抚对方，相反还站在道德的制高点上说了很多恶语，进一步刺激了女孩。

结果女孩跳了河。

吵架事件变成了一起案件。

一对好好的情侣，就这样阴阳相隔，未来的亲家也成了仇人。

也许男方在吵架中确实"有理"，但在这个案件中，他在某种程度上成了杀死爱人的"凶手"。

人们总是认为自己是"正确"的，谁也不愿意承认、正视自己的错误。我们也很难做到"静坐常思己过"，相反却很喜欢用自己的"有理"去压制

## 第一章 | 戒恶口

别人，用这种方式解决分歧。

所谓"唇枪舌剑"，恶口一张，即使有理也会变成无理，你吵赢了又如何？特别在亲密关系中，只要发生争吵，就没有赢家。即使当时"赢"了，也很可能是在两人之间酝酿一次更大的冲突。

因此，更高级的相处方式应该是得理也要饶人。

苏青刚创办杂志《天地》不久，就向张爱玲约稿，以提高杂志的知名度。张爱玲爽快地答应了。

不过到了交稿的时间，张爱玲却爽约了。当苏青打电话询问的时候，张爱玲竟直接说忘记了，还冷冷地挂断电话。

杂志版面不能空着，苏青赶紧四处找人"救火"，总算没耽误正常的出版。工作人员知道这件事情之后，都替苏青憋了一口气，建议她把张爱玲爽约的事情公之于众。

不过苏青没有这样做，反而帮张爱玲说话，而且继续向她约稿。

或许是张爱玲觉得自己做得过分了，从此之后再也没爽约过，两人还成了好朋友。因为张爱玲，《天地》杂志很快在文艺界崭露头角，创办人苏青也随之声名鹊起，红遍了上海滩。

就张爱玲爽约和她的态度而言，苏青完全可以理直气壮地指责她。但苏青没有得理不饶人，反而站在张爱玲的角度去理解她，展示了自己的宽容大度，从而赢得了张爱玲的友谊，也让自己最终成为获益的一方。

很多时候，温言良语比咄咄逼人更能够说服他人。不张恶口，是一种修养，更是一种广阔的胸怀。

恶口是众生之"病"，人世间的很多冲突不睦、不幸遭遇皆来自此。因此，一个人能离开恶口，说出来的话，自有分寸，可以利益于人，而且合乎真理。一个人的言辞美妙悦耳，使人易于接受，能够产生积极的作用。

说话是一种艺术。有的人说话让人如沐春风、如饮醇酒，有的人说话却让人如坐针毡、如芒刺背。无论什么场合，我们都应该告诫自己不逞口舌之快，不张"恶口"，好好说话。

## 语言暴力，最无用，也最伤人

有一种暴力，它拥有不同的面孔，有时冷漠，有时恶毒，有时戴着微笑的面具，或者以爱的名义，打着"为你好"的旗号出现。它攻击你、督促你，乃至摧毁你。这种暴力就是语言暴力。

语言暴力有一定的迷惑性，它不会让人流血，也不会在人的身体上留下伤疤，但却能让人感受到极致的寒冷，在人的内心投下大片的阴影。它造成的伤害轻则让人郁郁寡欢，重则摧毁生的勇气。

语言暴力，对正常的沟通毫无裨益，却最伤人。更可怕的是，语言暴力往往发生在亲密关系之中。

作家梁晓声小时候有过口吃的经历，他在作品《父亲》中记录了自己口吃的起因。

梁晓声的父亲，是严厉的一家之主，在母亲和孩子面前拥有绝对的权威。只要他板起脸，全家人立马变成对大风暴有感应的鸟，瑟瑟发抖。在梁晓声心目中，父亲是恩人，也是令他惧怕的人。

梁晓声的父亲对子女的教育简单粗暴，常常用暴力性的语言对孩子们说话。他第一次对梁晓声进行语言暴力，是梁晓声上小学二年级的时候。那时候梁晓声刚穿的新衣服就被一个大孩子用碎玻璃划了两道口子，结果父亲不问缘由，不听解释，大骂了梁晓声一顿，还狠狠地打了他一记耳光。

梁晓声没有哭，也不敢哭，委屈极了，三天没说话。在第四天课堂上，老师点名要梁晓声站起来读课文。那是一篇他早已读熟了的课文，可他站起来后，却硬是读不出课文题目的第一个字。

老师生气了，梁晓声哭了起来，从此他变成一个"结巴磕子"，也失掉了一个孩子的自尊心……

所幸后来梁晓声通过努力慢慢矫正了自己的口吃。不过可惜的是，在面对需要据理力争的情况时，他往往会变回那个"结巴磕子"，或是一个"理屈词穷"者。

不过，与姐姐和哥哥的遭遇相比，梁晓声还算是幸运的。姐姐在不满三岁的时候患病，父亲因为愚昧和固执，坚决不让姐姐看西医，结果姐姐因错过救治时机失去了生命。哥哥的遭遇更加令人唏嘘。

梁晓声的大哥想考大学，父亲却加以反对："我供不起你上大学！"语气中，丝毫没有商量的余地。

然而，家里其他人都支持大哥考大学。大哥接到录取通知书的时候，母亲欣慰地笑了，大哥却哭了……在火车站的检票口，大哥对梁晓声说："二弟，家中今后全靠你了，先别告诉爸爸，我上了大学……"

送走大哥后，梁晓声曾暗下决心："为了哥哥，为了我们家祖祖辈辈的第一个大学生，全家一定要更加省吃俭用，节约每分钱……"

然而，梁晓声无法长久地隐瞒大哥已上大学这件事，他不得不在一封信中告诉父亲实情。

没想到，大哥在第一个假期就被学校送回来了，再也没能返校。他进了精神病院，那里成了他的终生归宿。大哥本来应该拥有的美好人生提前画上了一个明确的句号。

后来，梁晓声从哥哥的日记本中翻出了父亲写给他的一封信。这封信淋漓尽致地展现了语言暴力的伤害性，揭晓了大哥精神崩溃的原因。

这是一封错字占半数以上的信，是一封并不彻底的扫盲文化程度的信：

老大！你太自私了！你心中根本没有父母！根本没有弟弟妹妹！你只想到你自己！你一心奔你个人的前程吧！就算我白养大你！就算我没你这个儿子！有朝一日你当了工程师！我也再不会认你这个儿子！

每句话后面都是"！"。所有这些"！"，似乎也无法表述梁晓声父亲对他大哥的愤怒。其实，大哥上大学，绝不会造成他们家有人挨饿的严重后果。

这封信就像一把尖刀刺入梁晓声大哥的心中。不知道看到信后，梁晓声的大哥度过了多少个不眠之夜，内心又是多么纠结、痛苦。最终，这些来自父亲的话语导致他精神崩溃，只能在精神病院度过余生。

语言暴力是如何毁掉一个人的，由此可见一斑。心理学家认为："母亲对孩子的影响主要是孩子能否成为一个独立的人，父亲则是塑造孩子对生命的看法，关系到人格的形成。"来自父亲的语言暴力，杀伤力巨大。

造成这样的结果一定不是梁晓声父亲的本意，但它却实实在在地发生了。这件事情给梁晓声带来了严重的心理阴影，因此他放弃了第一次上大学的机会。

后来，当梁晓声再次被推荐上大学的时候，他写信告诉父亲需要二百元钱。本来做好了被父亲狠骂一顿的准备，没想到父亲很快就电汇了二百元给他。汇单的附言条上，歪歪扭扭地写着几个错别字："不勾（够），久（就）来电。"

显然，这位父亲已然醒悟了，大儿子的"疯"，终究触动了他内心的愧疚。只是很遗憾，时光再也回不去了，他只能在二儿子身上做一些弥补。后来，梁晓声顺利地上了大学。

有时候，一句话就能毁掉一个人。著名心理学家马歇尔·卢森堡说："也许我们并不认为自己的谈话方式是暴力的，但语言，确实常常引发自己和他人的痛苦。"比起拳头，舌头给人造成的伤害更加隐秘而持久。如果你在交流中感受到这种暴力，一定要警惕，为自己做好心理建设，不要轻易被摧毁。

语言是一面镜子，映照出一个人的内心。做一个温暖的人，我们的口中，一定不要射出暴力又冰冷的"子弹"。

## 诋毁是无能狂怒者的"勋章"

有人的地方就有"江湖",就有纷争,在人际交往中,被诋毁是常有的事。有人说,我明明从不与人争抢什么,为什么还会受人诋毁呢?

因为人性是复杂的,借用东野圭吾的一句话来说:"有些人的恨是没有原因的。他们平庸、没有天分、碌碌无为,于是你的优秀、你的天赋、你的善良和幸福都是原罪。"

俗话说,不招人妒是庸才。诋毁者大都是自己不够优秀,内心自卑,因而容易嫉妒优秀的人。见不得别人好,自己又不愿意努力上进改变,不敢正视自己的无能，因而通过诋毁别人，寻找可怜的"优越感"或者心理平衡。

西汉官员直不疑，很有德行，为人厚道。但就是这样一个奉行黄老之道的老实人，也难免被人诋毁。某次上朝的时候，有位官员说他与嫂子私通。直不疑听后，并没有怒火冲天，只是平静地告诉大家："我没有哥哥，哪里来的嫂子？"这句话让诋毁者瞬间被打脸。

汉朝首位布衣丞相公孙弘，生活非常简朴，他盖的被子是用麻布做的，吃饭的时候最多一个肉菜。结果另一位高官汲黯跟皇帝说："公孙弘位居三公之列，每年的俸禄都很多，但是他却用麻布做被子，这样做很明显是沽名钓誉。"

公孙弘就向皇帝谢罪："朝廷高官之中，汲黯跟我关系是最好的，今天他的质问，也确实一针见血。以三公这样的身份，却还在使用麻布被子，像一个九品小官吏一样。这确实像汲黯所说的那样，是矫饰做作，是臣想借此沽名钓誉。如果没有汲黯的忠直，陛下怎么能听到这些话！"

皇帝听了公孙弘的话之后，对汲黯的诋毁不再放在心上。

从上面两个小故事中，我们可以看到，即使是老实厚道之人也难免被人诋毁，即使身居高位也无法阻止小人谗言。人们常说"苍蝇不叮无缝的蛋"，事实上，哪怕你白璧无瑕，也难免遭遇明枪暗箭。

作为一个需要社交的人，我们难免会对他人进行评价，但无论是赞誉还是批评，都应尽量秉持客观真诚的态度。即使两人关系不睦，也没有必要诋毁对方，"君子绝交，不出恶言"。诋毁者，是人人厌烦的，毫无本事、只会四处传播别人"恶名"的小人。

某法院曾审理过这样一件案子：

小琴（化名）与小李（化名）是交往多年的男女朋友。分手后半年内，小李开始陆续使用某短视频账号"×××有仇必报"发布数十条配有小琴图片及含有"骗钱骗感情""不干净""脏"等贬损性文字的作品。小琴每每看见后都会向该短视频平台进行投诉要求删除作品。

然而，在平台对小李的违规作品进行删除并暂时封号后，小李非但没有收敛，反而变本加厉，不断扩大传播范围，致使周边群众对小琴议论纷纷。小琴的名誉在当地随之降低，严重影响了小琴的正常生活和工作，精神上，她也遭受了极大的痛苦。

最后，法院判决小李在该短视频账号中向小琴赔礼道歉，并赔偿小琴精神损害抚慰金 2000 元。

杨绛先生说：永远不要记恨一个男人，也千万不要诋毁他，即使他千般不好，万般辜负，毕竟他是你曾经爱过的男人，毕竟当初他曾爱过你，疼过你，给过你幸福。男人爱你时是真的，不爱你时也是真的。

这句话把"男人"改成"女人"同样适用。恋人之间，本应好聚好散，对于前任不诋毁，是做人基本的底线，诋毁前任的同时也是在否定自己。分手了，即使做不到祝福对方，也不必通过诋毁的方式发泄自己的情绪。

现实生活中有许多人，自己身上一大堆问题，却不知道反思，只会把对现状的不满发泄在背后诋毁别人上。也许他们自己都没有意识到，嘴上诋毁着别人，心里却羡慕着别人，渴望成为别人。

诋毁别人，只能说明自己不够成熟，不够自信，是一种懦弱的表现。这样的人内心自卑，需要通过诋毁别人找到自身的价值感。这样的价值感是虚假的，只会让人越来越平庸，或者堕落。

诋毁的根源来自不满现状，不想改变自我和不甘。与其花时间和精力诋毁别人，倒不如改变自己，提升自己。即使与人产生了冲突，也不必选择诋毁的方式对待。你的优秀，是最好的反击。

## 出言羞辱他人,只会降低自身格调

很多人在说话时,攻击性比较强,并且经常脱口而出一些侮辱性的词汇。这无疑是修养不足、缺乏素质的体现。周国平说:一个有自己人格和尊严的人,必定懂得尊重他人的尊严与人格。同样,如果你侮辱了他人,就等于侮辱了你自己。

那些不知道尊重别人、只会羞辱别人的人,真正丢脸的恰恰是他们自己。

宋代大文豪苏东坡和佛印是好朋友,两个人经常在一起谈经论道。

某日,苏东坡问佛印:"我在你眼中像什么?"佛印心平气和地回答:"我看你像一尊佛。"苏东坡听了非常开心,期待地等着对方用同样的问题问他。果然，佛印反问道："我在你眼中像什么？"苏东坡有心占一些语言上的便宜，于是回答道："在我看来，大师像一坨牛屎。哈哈哈……"苏东坡回答完开心极了，觉得自己狠狠羞辱了佛印一番，不过奇怪的是佛印也笑而不语。

回家之后，苏东坡仍然为自己今天的"论道"沾沾自喜。他的妹妹苏小妹看到他得意忘形的样子，就问他："哥哥，你今天为什么这样高兴？"

"以前我每次跟佛印辩论，都输给他，今天我把他辩得哑口无言，当着他的面狠狠羞辱了他，他却毫无办法。"苏东坡回答。苏小妹又问苏东坡是怎么赢了佛印禅师的，苏东坡就把两人的对话告诉了妹妹。

没想到苏小妹看着苏东坡，告诉他："心里有什么，看到的就是什么。人家佛印心中有佛，所以看万物都像佛。而你心中只有屎，所以看别人也就都像一坨屎。不是你羞辱了佛印，而是羞辱了自己啊！哥哥，你的境界太低了，出去别说是我哥，妹妹丢不起这个人！"

苏东坡听后羞得无地自容。

一个人的语言，就像一面镜子，映照着他的内心。我们怎样对待身边的人和事，反映着我们内心的美丑善恶。善良的心，看待别人是善意的，说出的话也是温暖、柔和的。

一个人如果说出羞辱别人的话，并不能获得别人的尊重，只会降低自己的格调。生活中，如果发现伴侣的缺点，不要用语言的"钢针"去扎他/她；如果孩子到了叛逆期，不要用不好的标签定义他/她；如果遇到朋友"背叛"你，不要用道德审判去化解仇恨……

某作家在一档访谈节目中讲了自己一个奇怪的"心理障碍"——"食冷淡"。所谓"食冷淡"，就是说他对食物是麻木的，没有热情，无所谓好不好吃，他吃饭只不过是为了生存而已。

这种心理状态，来源于父亲对他的一次羞辱。他们家里孩子多，因此每次父亲买回一些吃的，都要七个人分，作家总是分得最少。作家喜欢吃芒果，父亲买回来分给他的他总是吃不过瘾。小孩子没有太多想法，他只是嘴馋。他把自己的零花钱攒起来，偷偷买了一个芒果，等晚上大家都睡着以后，就躲在厨房里一个人吃。

正在他独自享用整个芒果的时候，被父亲发现了。如果父亲只是骂他嘴馋也就罢了，但是父亲却对他进行道德审判，语言极尽羞辱，说他是一个自私的人，一个只会吃独食、不懂得跟家人分享的人。

据作家回忆，从此以后，这件事就成了父亲羞辱他的例行节目。父亲是早上说，晚上说，天天说，反复说，前前后后说了大概有3000遍，给儿子贴上了"自私自利"的标签。

从此，作家心里就烙下了深深的阴影。每当他面对美食时，总会有种愧疚感，觉得自己不配吃。

来自父母的言语羞辱，比其他人造成的伤害更大。它贯穿了孩子长长的一生，像锋利的钉子一样扎在孩子的心头，折磨着孩子，摧残着孩子，造成孩子一生的伤痛。

所谓"言者无意，听者有心"，有时候，我们主观上没有羞辱别人的意思，但是说出的话却容易使对方感觉受到"羞辱"，客观上践踏了别人的尊严，伤害了别人。所以，一定要"慎言"，话说出口之前，先在脑子里想一想，尽量不要引起对方的误会，侮辱别人的人格。

如果我们的语言让对方尊严扫地，那也就意味着我们降低了自己的人格。记得时刻提醒自己，有一种修养，叫尊重别人。

## 即便有理，也不能"无礼"

中国是传统的"礼仪之邦"，自古以来，人们都非常注重礼仪。孔子曰："不学礼，无以立。"中国人从小就按照"礼"的要求规范自己的一举一动，从冠礼、婚礼到丧礼、祭礼，一系列礼仪贯穿人的一生。

通过这种对"礼"的尊崇和传承，中国人做到了几千年来社会规范有序，总体上保持了较高的文明水平。当然，古人讲的"礼"涵盖的范围非常广，它是一系列社会规范的总和。到今天，传统的文化礼仪已经简化了很多,但懂得"礼节、礼貌"的人,始终受人欢迎,受人尊敬。

还有一句俗语,叫"有理走遍天下",但对这句话,我们不能僵硬地理解,更不能处处"得理不饶人"。如果说话的时候我们不能做到"有理先有礼""有理更有礼",就容易激起对方的逆反心理,反而达不到"说理"的效果,甚至因为"礼貌"的缺失,激化矛盾。

三国时期,有个人叫祢衡。

祢衡名气很大,孔融曾多次向曹操推荐他。曹操喜欢人才,一直想聘请他来自己麾下,但是祢衡对曹操"素相轻疾"——长期以来,看不起甚至憎恶曹操。

至于原因,大概是曹操的出身不怎么好,相比袁绍四世三公、孔融圣人之后,还有其他祢衡结交过的陈群、司马朗、荀彧、杨修等,几乎都是士族出身,曹操则是太监的孙子。同时,朝廷党争,士族集团同宦官也是水火不容,这让祢衡天然就看曹操不顺眼。

因此,尽管曹操三番五次给祢衡下请帖,但祢衡自称天生有发狂发疯的毛病,说什么也不去。不过架不住曹操"爱才如命",一次次地邀请,终于祢衡接受了邀请。《三国演义》里说,两人见面互相问候,然后出事了,曹操没有及时给他看座儿。

祢衡觉得自己委屈极了,于是发挥自己的口才,各种贬低、羞辱曹操和他的文臣武将。曹操再怎么忍耐也不是没有性子的泥胎,于是任命他为鼓吏,让他给大伙儿击鼓助兴。古代鼓吏地位低,算是下九流的行当。曹操这个做法,有点羞辱的意思。

本来曹操只是想让祢衡"脱下长衫",别老摆读书人的臭架子,这样可以让祢衡难堪,杀一杀他的锐气。没想到祢衡的举动更出乎意料,《三国演义》中这样描述:衡当面脱下旧破衣服,裸体而立,浑身尽露,坐客皆掩面。衡乃徐徐着裤,颜色不变。

祢衡直接"裸骂",把毕生的文采都用在了奚落曹操上。骂得有多狠呢?他说曹操"眼浊、口浊、耳浊、身浊、腹浊、心浊",从里到外,从头到脚,哪儿都脏得很。

如果骂人有段位,祢衡最起码是个"星耀"。

赤身裸体在那骂人,让挨骂的人都没脸看他,确实很"无礼"了,但在《后汉书》中,曹操对他还是很大度的。被骂个狗血淋头,曹操只是笑着说:"本欲辱衡,衡反辱孤。"曹操就像个恋爱脑的姑娘遇到渣男,被骂成这样仍然想继续招揽祢衡。

曹操找到孔融当中间人,告诉他想跟祢衡当面和解,并特别嘱咐门口的"保安",一旦祢衡登门拜访,立刻通报,不得怠慢。

祢衡倒是来了,不过不是来跟曹操和解的,而是又把曹操臭骂了一顿。这下曹操死心了,"我本将心向明月,奈何明月照沟渠",眼不见为净,把这个"无礼之徒"远远地打发到刘表那里去了。

一开始,刘表很器重他,但是祢衡老毛病不改,恃才傲物,感觉全世界都像欠了他一样,对刘表很无礼。刘表忍不了了,就把他推荐给了江夏太守黄祖。

黄祖也很善待祢衡。黄祖的长子黄射是章陵太守,和祢衡关系相当好,与他称兄道弟。按说有了前两次的教训,而且黄祖爷俩对祢衡也不错,他应该收敛一些了吧。结果又出事了。

一次,黄祖在一艘大船上宴请宾客,祢衡又出言不逊。这种场合下失礼让黄祖很难堪,黄祖就斥责祢衡。祢衡是个从不惯"老板"的人,于是骂他:"死老头!"大概就像今天骂长者"老不死的"。

黄祖是个性情急躁的人,眼看嘴上骂不过祢衡,就想动手打他。但祢衡一向善于发挥自己"君子动口不动手"的优势,开动"嘴强王者"的技能,当场把黄祖气得破防,下令杀掉祢衡。

其实,黄祖当时也是气话,但黄祖的主簿一向怨恨祢衡,马上借着这个机会杀了祢衡。与祢衡交好的黄射听说后赶紧来救,鞋子都没顾上穿,光着脚就跑来了,但还是晚了。这时候黄祖气也消了,非常后悔,可惜人死不能复生,只好厚葬了他。

时年二十六岁的祢衡,卒。

才华横溢的祢衡,为什么处处不受待见,甚至在大好年华的时候,引来杀身之祸?因为他不懂得为自己积口德,跟人说话没有分寸,因此不管是爱才的曹操还是惜才的刘表,都不能容他。等遇到性格暴躁的黄祖,他更是直接丢了性命。

生活中类似的例子太多了,"无礼"不仅会让自己失去"有理"的道德高地,还会引来对方更大的敌意。可以说,"有礼"不仅是为了沟通效果更好,也是一种"保护自己"的智慧。

而且,道理这个事情,往往没有绝对的标准。你有你的理,我也有我的理,男人有男人的理,女人有女人的理。我们常说"公说公有理,婆说婆有理",就是这个意思。每个人看问题的角度不同,自然会有各自的"道理",甚至会为了面子而"强词夺理",这个时候沟通双方更要做到"有礼"。

清朝康熙年间,身为文华殿大学士兼礼部尚书的张英,接到了一封来自安徽桐城的家书。

原来是家里人因为宅子跟邻居起了纠纷。张家与吴家为邻,两家院落之间原本有一条巷子,供两家及村民出入使用。

后来,吴家准备翻建新房,想占用这条小巷,扩充自家院落,张英老家的人自然是不同意的。双方争执不下,官司打到了当地县衙。张家有人在朝中当大官，吴家也是名门望族，县官不愿意得罪任何一家，只好采取和稀泥式的"公正执法"。

张家人觉得自己占理，于是写了封加急信给张英，希望他出面解决。这位当朝宰辅没有拿着"道理"说事，而是回了一封信劝家人"礼让"。信里这样说道："千里家书只为墙，让他三尺又何妨。长城万里今犹在，不见当年秦始皇。"

张家人看了回信后，明白了张英"礼让"的意思，于是主动将围墙退让了三尺。吴家见状深受感动，不仅不再占用巷子，而且也往后让出三尺，形成了一个六尺宽的巷子。"六尺巷"由此得名，成为互相礼让的民间佳话，并流传至今。

张家"有理"也有势，但张英选择了谦逊礼让，不仅让一场官司消弭于无形，还塑造了一个邻里之间和睦相处的典范，更为自己的家族甚至国人树立了博大包容、崇德重礼的表率。今天，六尺巷已然成为中华传统美德的"丰碑"，这就是"礼"的力量。

某报有这样一段话："富者有礼高质，贫者有礼免辱，父子有礼慈孝，兄弟有礼和睦，夫妻有礼情长，朋友有礼义笃，社会有礼祥和。"我们一生会扮演很多角色，经营很多关系。面对朋友、同学、同事、恋人、客户、战友、老师、领导和下属时，只有"有礼"，才能更好地"守理"。

孟子说："仁者爱人，有礼者敬人。爱人者，人恒爱之；敬人者，人恒敬之。"行走于世间，我们不妨把理直气壮的"我有理，我怕谁"的心理放下，试着给予对方尊重和礼貌，用礼貌和教养感化对方，让沟通更加和谐。

## 讥笑与嘲讽，彰显内心的浅薄

生活中，有些人在嘲笑别人的时候特别起劲：看到别人事业失败，就幸灾乐祸，看人笑话；听到别人有"不切实际"的梦想，就打击对方，否定别人的奋斗目标；跟别人争论的时候，放大对方的缺点，无所顾忌地嘲讽对方，在别人伤口上撒盐……

俗话说，"金无足赤，人无完人"。每个人都或多或少有些不足之处。莎士比亚说："没有受过伤的人，才会嘲笑别人身上的伤痕。"己所不欲，勿施于人。当你打算嘲笑他人的时候，先反思一下自己身上有没有可笑之处，想想如果被嘲笑者是自己，也许你就会口下留情了。

青蛙坐在井底，只能看到井口那么大的天空，它以为天空就那么大。当飞鸟告诉它真相的时候，青蛙却嘲笑飞鸟，不如自己坐在井底舒服。有时候嘲笑别人，就是坐井观天。

东汉著名的军事家、外交家班超出生在一个官宦世家，他的哥哥是写出我国第一部纪传体断代史《汉书》的史学家班固。班超素有大志，他孝顺恭谨，平时很勤劳地操持家务。

因为家境贫寒，于是班超便倚仗哥哥在衙门里谋得一个抄写文书的小职员的位置，靠为官府抄书挣钱来养家。他长期伏案抄写文书，形同一个码字工人。这个工作让他劳苦不堪。有一天，他揉着酸痛的手腕，再也不安心做个抄写员，而是把手中的毛笔一扔，感叹道："大丈夫如果没有更好的志向谋略，也应像昭帝时期的傅介子、武帝时期的张骞那样，在异域立下大功，封侯拜相光宗耀祖，怎能长期地在笔、砚之间忙忙碌碌呢？"

他的同事听了之后就嘲笑他白日做梦，不切实际。班超说："小子怎能了解壮士的志向呢？"于是投笔从戎。后来，奉车都尉窦固出兵攻打北匈奴时，班超随从北征，在军旅中很快就崭露头角，得到了窦固的赏识，并被安排和郭恂一起出使西域。

后来，班超平定了西域五十多个国家，官至西域都护，封定远侯。班超实现了自己万里封侯的梦想，这实实在在证明了那些嘲笑过他的同事是多么浅薄。

每个人都自己的局限性，就像一首诗中所说的："我们嘲笑笼中的鸟，却没意识到我们的心又何时飞过世俗的牢笼；我们嘲笑被链子拴住的牲畜，却不知道链子乃拴在我们心上；我们嘲笑井底之蛙，可我们也不曾完整地看过广阔的天空。"懂得越多、内心越丰盈的人，反而越会觉得自己知之甚少，越能发现自己的无知与渺小，也就越懂得敬畏与谦卑。

那些不懂得谦卑、喜欢嘲笑别人的人，就像井底之蛙一样，浅薄短视而不自知。有句话是这样说的："我以为别人尊重我，是因为我很优秀。慢慢地我明白了，别人尊重我，是因为别人很优秀。"

嘲笑别人是一种很没有修养的事情，它暴露了说话者内心的浅薄和认知短视。

《史记·韩长孺列传》中，记录了一则"死灰复燃"的故事。

西汉初年参与平叛"吴楚七国之乱"的名臣、名将韩安国是梁孝王的内臣，曾经因为犯事入狱。在狱中，他遇到了一位狗眼看人低的狱卒田甲。田甲对韩安国多番羞辱，极尽嘲讽之能事，把他贬得一无是处。

韩安国于是对田甲说："死灰难道不会再次燃烧起来吗？"潜台词就是，你小子不怕我有朝一日东山再起，报复你吗？

结果狱卒田甲说："你这把死灰要是再烧起来，我就一泡尿，浇灭了它！"

没想到过了一段时间，梁国内史缺位，梁孝王想起韩安国，就把他从牢里放出来当内史。一夜之间从阶下囚变成俸禄两千石的大官，这个消息如晴天霹雳砸在了狱卒田甲头上。他生怕韩安国报复，吓得连夜卷铺盖逃走了。

韩安国放出消息："田甲要是不回来自首，我就杀他全族。"田甲只好裸露上身去找韩安国请罪："都怪我这张破嘴不会说话，不该嘲讽落难时的您。您大人有大量，就把我家人放了吧！"

韩安国本来就没想追究田甲的罪责，把他召回来不过就是给他上一堂"修口"课，于是笑着说："现在我死灰复燃了，你可以撒尿了！你这样的人，值得我费心报复吗？"然后让田甲继续回去上班。

古人讲:"丧家亡身,言语占八分。"我们与别人相处,尊重是交往的基本原则,即使对方的社会地位、财产、见识等条件都不如你,也要尊重对方。做人要厚道,言语中的讥笑与嘲讽,就是不懂尊重。

人要学会换位思考,尊重别人就是尊重自己,嘲笑别人,降低的是自己的品格。与人相处,即使对方再渺小,我们都要保持谦卑的态度。

# 第二章 戒妄言

——诈与妄,奚可焉

## 谣言止于智者，兴于愚者

谁都不愿生活在一个谣言满天飞的环境里，都不愿成为谣言的主角。特别是在网络时代，言论就像插上了翅膀，传播起来速度飞快。我们既不能主动制造谣言，也不能不加分辨，听到什么就照单全收，甚至再传播出去，成为"谣言传声筒"，给谣言受害者增加伤害。

近年来，发生了一些谣言受害者拿起法律武器维权、谣言制造者得到惩罚的案例。比如浙江杭州某女子取快递时被便利店店主偷拍视频并被造谣出轨，这个谣言流传范围大，严重影响了女子的正常生活。后来，法院以诽谤罪判处被告人有期徒刑一年，缓刑二年。还有中国女排队员朱婷针对网络抹黑拿起法律武器维权的案例。

不过，相比这些维权成功的案例，现实生活中遭受"谣言"伤害，却难以维权的人更多。这些人承受着谣言带来的痛苦，却无能为力。也许很多人没有恶意，只是作为"吃瓜群众"抱着看热闹的心态在传播这些谣言，却忽略了当事人的感受，更没想到助长了这种风气，很可能某天自己就会成为别人的吃瓜对象，成为谣言的主角。

如果我们听信谣言并传播谣言，就是在不知不觉中做了造谣者的帮凶。

东汉建初八年（83年），皇帝因为班超的能力突出，把他提拔到将兵长史的职位。同时，徐干升任军司马，另外派遣卫侯李邑护送乌孙使者回国。

不过李邑哪有班超的勇武胆略，他走到于阗时，正赶上龟兹进攻疏勒，怕得要命不敢再向前走了。为了掩饰自己的贪生怕死，他就上书给朝廷，造谣班超，说他"拥爱妻，抱爱子，于外国享乐，无思念中原之心"。

谣言传得飞快，很快连班超都听说了自己的"事迹"。他叹息着说："我比不上曾参，却有'三至之谗'，恐怕我也要被朝廷怀疑了！"为了避嫌，班超无奈地把妻子休了。

幸好皇帝脑子清醒，知道班超的忠诚，非常信任他，于是下诏痛斥李邑说："纵然班超拥爱妻，抱爱子，那还有思归的将士一千余人呢？他们怎么还跟班超同心同德呢？"随后皇帝下令让李邑到班超手下工作，归班超节制，并跟班超说："如果李邑适合在外工作，就留他在你那里任职。"

皇帝的意思是，这小子在背后造你的谣，我把他派到你的手下，你可以找个机会收拾他。不过班超是个聪明又坦荡的人，他马上命令李邑护送乌孙侍子回京师。

# 修口

徐干看不过李邑的小人行径，就对班超说："李邑之前造谣诋毁您，还企图破坏西域来之不易的大好局面，为什么不顺着皇上的旨意把他留在西域，另外派人执行护送乌孙侍子回国的任务呢？"

班超回答他说："此言差矣！正因为李邑造谣诽谤我，所以我才派遣他回国。我问心无愧，没必要在意别人说什么！如果为了报复他，泄私愤而把他留下，那我还算什么忠臣呢？"

班超是幸运的，他遇上的皇帝是一位智者，不听信小人的谣言。在古代，因为谣言引起皇帝的猜忌，下场悲惨的例子太多了。正因为如此，人们才痛恨不修口德的无耻小人，他们嘴里吐出的谣言，常常给别人带来血淋淋的灾难。

上面故事里班超提到的曾参的"三至之谗"，说的是另一个关于谣言的典故。

这个典故记载在《战国策》中。主人公是曾参，就是《韩非子》中那个信守诺言给儿子杀猪吃的曾子。

话说曾子老家有个人跟他同名同姓，也叫曾参。某日，这个曾参在外面跟人发生口角，一场语言冲突引发的血案发生了。曾参嘴上说不过对方，于是直接"灭口"，把人给杀了，然后跑了。

正好曾子的邻居路过这里，听说曾参杀人了，也没有验证是不是自己认识的那个曾参，或者说当时也没有想到同名同姓的问题。反正他慌慌张张一路往回跑，跑到曾子家里告诉他妈妈："不好啦！你儿子在外面杀人啦！"

曾子的妈妈正在织布，她了解儿子，头都没抬，淡定地继续织布，并回应这个邻居说："不要瞎说，我儿子天天跟着孔圣人学习，都快学成下一个圣人了，怎么会杀人呢？"

邻居急了："怎么是瞎说呢！这可是我亲耳听到的！曾参真杀人了！"

这次曾子妈妈倒是抬头看了邻居一眼，笃定地说："一定是你听错了，我儿子是什么人我还不清楚吗？他不会杀人的。"

邻居悻悻地走了，心里想着这到底是不是亲妈？儿子杀人了都无动于衷，有这么冷漠的妈妈真可怜，怪不得曾参杀人呢。

曾子妈妈继续织布，过了一会儿，又有一个人满头大汗来跟她说："不好啦！你儿子曾参杀人啦！我亲眼看见的！"

曾子妈妈抬头看着那人，问道："你是不是看错了？"

那人跑得上气不接下气，急吼吼地叫道："我没看错！就是你儿子，把人家脑袋都打破了，血糊糊的，吓死人啦！"

曾子妈妈这时也有点迟疑，安慰自己说："我儿子，我了解的，应该不会杀人吧。"

这时候她已经无法专心织布了，盯着面前的织机出神，心里七上八下。这时又跑来一个人，边跑边喊："曾家大娘，赶快跑吧！你儿子杀人啦，官府派人来抓你啦！"

老太太一听，慌得扔掉手里的梭子，织的布也没收拾，麻利地翻过墙头逃走了。

"曾子杀人"的故事不如"曾子杀猪"的故事流传广，但这个故事阐述的道理大家并不陌生。所谓"三人成虎"，人们在谣言面前很难保持理性，有时候一个人说、两个人说，我们还能分辨，但是说的人多了，就连你最了解、信任的人，也会产生怀疑，着了"谣言"的道。所以，我们千万不要轻信谣言制造者，不要帮助谣言传播，不要无意中造下"口业"。

谣言止于智者，兴于愚者。面对谣言，我们要提高警惕，不要被人利用成为愚者，要做能够辨明真相的智者，让谣言止步于此。

# 口出妄言，消耗的是你的人品

"妄言"一词，最早来自《管子》："不通于轻重，谓之妄言。"也就是说，话不知道轻重，随便说，谬说。我们常说有的人"信口雌黄""嘴上没有把门的""满嘴跑火车""说瞎话""胡说八道"以及诅咒谩骂等，都属于"妄言"的范畴。

人人都知道不应该妄言，然而，总是有人为了一时痛快，管不好自己

的嘴，从而信口开河，丢了修养，败了人品。

就像有些人，貌似很热心，朋友有事求他帮忙，他拍着胸口承诺："不用担心，你的事就是我的事，全包在我身上。"结果第二天酒醒了，把自己说过的话忘得干干净净。几天之后，朋友才知道，他只是胡言乱语。从此，他的朋友又少了一个。

石遵是后赵第三任皇帝石虎的儿子。石虎曾打算立石遵为太子，但最终改了主意，立了幼子石世为太子。等石虎死后，石世即位，石世的母亲以皇太后的身份临朝称制。

这个女人掌握权力以后，治理国家的能力有限，奸臣当道，引起了很多将领的怨言。

石遵当年差一点当上太子，因此一直对皇位有些想法。他看到当前的局势似乎对自己有利，于是找到骁勇善战的冉闵，拉拢他做盟友。冉闵对金钱、美女没多大兴趣，于是石遵给他画了一张大饼："努力，若事成，让你做太子。"随口就把太子之位许诺给了他。

一听说跟着石遵起义，将来能继承石遵的位子，冉闵立刻热血澎湃，拿出十二分的努力帮助石遵。在冉闵不遗余力的助力下，石遵成功登上了皇位。

这边冉闵眼巴巴等着被石遵册封，可石遵早把当时的承诺抛到脑后。等到石遵册封太子的那天，冉闵发现太子之位花落别家，如同挨了一记闷棍，失望、愤怒各种情绪涌上心头。

石遵不仅没有遵守自己的承诺，而且也没有安抚冉闵的情绪，反而担心他功高震主，开始削减他手中的权力。这样的行为自然让两人矛盾不断加深。石遵的大饼中看不中吃，让冉闵最终跟他反目成仇。

石遵是懂卸磨杀驴的，他召集了亲近族人，商量着怎么除掉冉闵。不过石鉴素来与冉闵交好，于是偷偷告诉了冉闵。

冉闵不愿意坐以待毙，既然你不仁别怪我不义，于是废掉石遵，另立石鉴为帝。

从五月称帝，到十一月被杀，石遵在位仅一百八十三日。

石遵信口开河，随意承诺却不兑现，终于自食恶果。

《弟子规》中说："事非宜，勿轻诺。苟轻诺，进退错。"信口开河，随意承诺，是一种妄言。承诺一旦许下，便需要付出努力去实现。话说得再漂亮，却不能兑现，只能哄得一时，但哄不了一世。

如果总是信口开河，随意承诺别人什么，要么失去别人信任，要么给人留下无能自夸的印象。请谨记"夫轻诺必寡信，多易必多难"。人品好的人，不会轻易承诺，也不会碍于面子违心承诺，更不会信口开河随意承诺。

解缙是历史上有名的大才子，19岁就考中进士，《永乐大典》就是他主持编纂的。

朱元璋很看重他，对他说："从道义上我们是君臣，从恩情上如同父子，你应当知无不言。"解缙听了这话非常激动，连夜写了一份万言书，主张应当简明律法、赏褒善政，得到了朱元璋的赞扬。随后又写了《太平十策》，大臣们也对他刮目相看。

官场小白解缙因此膨胀起来，实际上，他在朝中并没有政治根基，却觉得自己无所不能，开始指点江山，对大臣指手画脚，上书指责兵部僚属玩忽职守，等等，很快就犯了众怒。

朱元璋也觉得他管得有点宽，就把他贬到江西道当监察御史，其实也是对他的一种保护。

不过解缙不仅没有收敛锋芒，反而继续当出头鸟，远在江西道也没耽误他为已经死去的韩国公李善长鸣冤。他还不顾死活地掺和立太子的事，怀疑太子朱标不是嫡出，支持朱棣。

朱元璋还是爱才的，舍不得砍了他，就把他的家长叫来，对他的父亲说："把你儿子领回家吧，再好好读读书，十年后我再重用他。"让解缙远离朝廷这个旋涡，目的还是保护他。

等到朱棣抢了侄子的宝座后，他召来了解缙，让他编纂《太祖实录》《古今列女传》《永乐大典》。朱棣对解缙的印象还是很好的，毕竟解缙当年支持朱棣当太子，而且他也确实有才华。

在文化领域，解缙的才华自然无可挑剔，朱棣大大嘉奖了他，解缙风光再起。不过，经过十年蛰伏，解缙学问虽涨了不少，但政治素养进步不大，他还是口无遮拦。

当时按礼制，太子应该是嫡长子朱高炽，朱棣却想立屡立战功的次子朱高煦，毕竟朱高煦跟随自己出生入死、并肩作战，功劳很大。正犹豫不决时，解缙又跑出来了，再次掺和进立太子的事。他口无遮拦地劝朱棣："当然是立老大，如果立次子，会引起争端。"

看到朱棣还是对朱高炽没有信心，解缙又说了三个字："好圣孙！"就是说朱高炽的儿子，即朱棣的孙子朱瞻基很聪明，这样的皇位传承可以保持长久稳定。这话打动了朱棣。

不用说，这下把朱高煦得罪狠了。朱棣觉得亏欠了次子，就封他为汉王，而且不让他去封地，让他享受超标的待遇。解缙又跑来劝朱棣："超过礼制会起争议的。"朱棣本来心里就疙疙瘩瘩，看到解缙又来搅和，大怒："这是我的家事！"

后来，朱棣带兵在外打仗的时候，解缙私下到太子府拜见太子。在政治上，这可是很大的忌讳，这下子被朱高煦抓住把柄，跟朱棣告了一状。

解缙入狱。

解缙在狱中待了五年，饱受折磨。永乐十三年严冬，朱棣翻阅囚犯名册时，看到解缙的名字，就随口对锦衣卫统帅纪纲说："解缙还在啊？"

纪纲揣摩着皇帝心思，回去就请解缙喝了一顿大酒。解缙借酒消愁喝得酩酊大醉，纪纲就命人把他拖到院子里，埋在雪里冻成了冰棍。

解缙一代才子，偏偏管不住自己的嘴，该慎言的时候也不讲究方式方法，总是随意发言，不仅害了自己的性命，还连累妻子儿女流放辽东，多么悲哀！

每次口出妄言，就会消耗一次人品，失去一次好感。等人品耗尽，对方耐心消失的时候，轻则割席断交没有朋友，重则激发矛盾危及自身安全。不妄言，守人品，我们才能在人生的道路上越走越宽，赢得更多的尊重和信任。

## 别把道听途说当"真理"

很多人玩过这样一个游戏,大家排成一队,从队首开始到队尾,去传一句话。往往是很简单的一句话,传到最后就完全变了样,最后听到的跟最初传达的信息"驴唇对不上马嘴"。

这还是大家集中注意力去传达一条信息,更何况我们无意中听到的一句话或者一件事情,更不知道原始的版本是怎样的。且不说最初的信息是不是正确的、真实的,当一条消息传到我们这里的时候,我们都不知道这条消息已经传递了几手,又如何验证,因此不能轻易相信。

战国时期，魏国大臣庞葱要陪同太子前往赵国做人质。他知道走后会有人在背后说他的坏话，这是不可避免的，但只要魏王耳根子不要太软，轻易相信那些没谱的话就不会出大问题。

于是，他提前跟魏王"打预防针"。庞葱对魏王说："如今有一个人说街市上出现了老虎，大王会相信吗？"

魏王回答："我不相信。"

庞葱又问道："如果有两个人说街市上出现了老虎，大王相信吗？"

魏王说："那我会有些怀疑。"庞葱接着问："如果又出现第三个人说街市上有老虎，大王相信吗？"

魏王回答："我当然会相信。"

庞葱心想，你果然是个耳根子软的，但嘴上却说："大王明察，街市上是不可能出现老虎的，可是经过三个人的传播，街市上好像就真的有了老虎。流言好像变成了事实。我就要去赵国都城邯郸了，到时候我们君臣之间的距离要比王宫离街市远很多，对我有非议的人恐怕不止三个，还望大王明察秋毫。"

魏王说："爱卿把心放在肚子里好了，你就放心去吧。"

正如庞葱所料，自己刚陪着太子出门，就有人在魏王面前诬陷他。开始时，魏王还记得庞葱对他说过的话，甚至为庞葱辩解，但随着说庞葱坏话的人越来越多，他竟然信以为真，心里把庞葱当成了坏人。

等到庞葱和太子回国后，魏王已经彻底疏远了他，竟然再也没有召见过他。

谎言重复千遍，就会被当作真理。大街上本来没有老虎，但是因为很多人这么说，就会有人相信确有其事。这就是道听途说、以讹传讹的危害。在现实生活中，我们不能轻信传言，要善于分辨思考，保持清醒的头脑，防止被未经验证的消息带偏。

春秋时期,鲁国有位叫阳虎的人,他是鲁国大夫季平子的家臣,长得跟孔子比较相像,乍一看,就像双胞胎。不过这个阳虎是个天生反骨的"不忠不孝不义"之人,人品极差。孔子不仅被阳虎直接羞辱过,还因为跟他长得像差点丢掉性命。

孔子在鲁国混不下去,于是带着弟子周游列国。孔子先到了卫国,卫灵公对他还不错,但因有人进谗言,孔子只好离开。一天,孔子到了宋国的一个城邑"匡"。

阳虎在匡城胡作非为,无恶不作,人们非常痛恨阳虎。这下跟阳虎长得很像的孔子来了,人们也不去"验明正身",直接相互转告:"那个千刀万剐的阳虎来了,这次没带军队,只带了一些学生模样的人,报仇的机会到了,快拿上家伙堵他们去!"

就这样,孔子莫名其妙背了锅。匡城的百姓误以为阳虎来了,于是一传十,十传百,越传越像真的。彪悍的百姓拿着扁担、锄头、菜刀把孔子一行人围了起来,准备打死他们。

孔子看着乌压压的、不明真相的群众,感慨地说:"这都是谁传出来的假消息!我一个教书的糟老头子,既没有武器,又没有军队,怎么就把我当成阳虎了呢?"孔子一行人被围困了整整五天,派出随从向卫国的宁武子求援,由宁武子出面消除误会,才得以脱离险境。

误会解除后,匡人倒是知错就改。在孔子从陈国回来时,他们追到开封杞县境内道歉。据说杞县裴村店原名"赔情店",就是因此而来。

没有一个匡人去求证来的人到底是阳虎还是孔子,只是听传言就选择了相信,而且又传播给了其他人,差点害死万世师表的孔圣人。孔子说:"所信者目也,而目犹不可信。"意思是,人们相信的是自己的眼睛,但亲眼所见的事情不一定是事实真相，更别说是通过道听途说得来的消息了。

信息时代，我们得到信息、听到传言的渠道更多，再加上一些人本身就喜欢传播各种"小道消息""内部消息"，如果听话者不加分析、判断、轻易误信，甚至将道听途说的消息当作真理、奉为圭臬，那么就会被蒙蔽，从而对自己的认知和决策造成不良影响。

## 未经查证之事,不要轻易说出口

我们都希望自己在别人眼中是"言而有信""言之有物"的人,这就需要我们开口之前,一定过一遍脑子,特别是对未经查证之事,不要轻易说出口。如果是不确定的事情,我们最好不说。

西汉经学家刘向在《说苑》中讲了一则故事:魏文侯派西门豹去管理邺这个地方,行前叮嘱他要"全功、成名、布义"。西门豹问怎样才能做到"全功、成名、布义",魏文侯答道:"耳闻之不如目见之,目见之不如足践之,足践之不如手辨之。"意思是说,耳朵听到的不如眼睛看到的可靠,眼睛看到的不如用脚踏勘可靠,用脚踏勘的不如用手辨别可靠。

很显然,西门豹听进去了。《史记·滑稽列传》记载,西门豹到了邺县后,及时深入调查研究,"会长老,问之民所疾苦",迅速破除了当地"河伯娶妇"的迷信习俗,并发动民众开凿十二渠,"名闻天下,泽流后世"。

这里讲的是为官之道,把它用在沟通之道上也完全适用。《弟子规》讲道:见未真,勿轻言;知未的,勿轻传。与人交流的一条基本原则,就是不确定真假的话不要轻易说出口,说话之前一定要经过查证。

孔子是有远大抱负的人。遗憾的是,当时的社会环境不太适合"儒家"发挥。为了游说各国国君和权贵,孔子常年带着一众弟子周游列国。

那时候交通和经济条件比较差,给养也跟不上,孔子的弟子经常跟着老师三天饿九顿。

鲁哀公六年(前489年),已经63岁高龄的孔子与弟子穷游到了陈国、蔡国之间,不仅遇上战乱,道路条件还很恶劣,一群人被困在了这里。一天三顿野菜,师生吃得眼珠子发绿,整整七天七夜没吃到一粒米。

眼看菜尽粮绝,再这样下去就饿死了,于是孔子白天躺着减少消耗,让学生颜回外出乞讨。颜回不愧是七十二贤之一,出去一趟竟然真的带着米回来了。

颜回回来赶紧生火煮饭。闻到米饭的香味,孔子赶紧起来准备开饭,结果正好看到颜回掀起锅盖,用手抓起锅里的米饭吃。孔子看到自己喜欢的学生偷嘴,却装作没看见,没有当场责问颜回。

等饭煮好后,颜回请孔子吃饭,孔子想起颜回偷偷抓饭吃的事情,心里总是疙疙瘩瘩。他既相信颜回的品行,又无法解释自己看到的"真相",于是假装若有所思地说:"我刚才梦到了祖先,我想把这些干净的、咱们还没人吃过的米饭,先拿来祭祖先!"

颜回一听，赶紧阻止老师："报告老师，这锅饭我已经吃过一口了，按照礼制不可以用来祭祀祖先。"孔子顺势问道："你为什么先吃一口呢？"

颜回回答道："刚才烧火的时候，有草木灰飘进锅里，落在米饭上面，好不容易讨到这点米，脏了的米饭丢掉太可惜了，所以我就抓起来吃了。"

听完颜回的解释，知道真相的孔子愧疚得眼泪差点掉下来。他长叹一声，抱歉地说："我平常对颜回最信任，但仍然还会怀疑他。我太相信自己眼睛看见的了，但是眼睛也不一定可信。我所依靠的是心，可是心也不足以完全依靠。大家要记住这件事，真正了解一个人，是一件不容易的事呀！"

我们常说"耳听为虚，眼见为实"，眼见的就能确定是真实、全面的吗？就连作为圣人的孔子，亲眼所见的事情都不一定是真的，从而发出"所信者目也，而目犹不可信"的感慨。那么，我们普通人呢？又有多少次误听误信，误解了别人？

我们常常不经查证就转述别人的话，转发网络上的信息。我们经常通过别人的嘴巴认识某个人，接受某件事。我们经常只从自己的立场出发看问题，而不是从各个角度来认识事物。在听到、看到某人某事的时候，又有多少人愿意再查证一下？

我们应该常问自己：我看到的是事实吗？我听到的是全面的吗？不识庐山真面目，只缘身在此山中。人们总是有各自的局限，我们要跳出成见的大山，更加全面客观地观照自己，接收各种信息，做出冷静、理智的判断，从而离真相更近。只有经过我们细心查证的事情，我们才能放心地说出口，并且自信地为说出的话负责。

## 谨言慎行,网络不是"法外之地"

20世纪90年代,美国杂志《纽约客》的漫画家彼得·施泰纳创作了一幅漫画:一条狗蹲在电脑前,盯着屏幕敲击键盘;另一条狗蹲在地上,兴致盎然地看着它。漫画配文:"在互联网上,没有人知道你是一条狗。"

随后,这句话广为流传,生动地揭示了互联网的虚拟性和匿名性。毫无疑问,互联网改变了世界,甚至再造了世界。早期的互联网,因为没有实名制以及监管缺失,网民们得到了极大的"自由"。无人知道你是谁,那些平时不敢说的话,都在互联网上释放出来。

然而,问题也很明显。互联网奠基人、加州大学洛杉矶分校的克兰罗克教授说:"互联网推动了民主,但也助长了阴暗面,网络上的噪声淹没了温和的声音,极端的观点被放大,充斥着仇恨和假消息。"

很多人在网上彻底放飞自我,人性中隐藏的恶也随之显现。人身攻击、泄露隐私、恶意诽谤等行为屡见不鲜,"键盘侠"躲在屏幕后面,对现实社会中的人造成了实实在在的伤害。

随着社会的发展、法治的完善,越来越多的人意识到网络不是法外之地。"网警"也将巡查网络作为日常工作内容,遇到网上的不法行为,公安机关会依法予以惩处。

固原市发生过一起案件。两位网民马某录(男,1964年)与马某儿(女,1984年)为了吸引流量提高人气,在某直播平台上展开骂战。他们使用当地方言互辱,内容露骨低俗,聊天内容涉及成人性话题,直播间瞬间引来数千人围观,造成了很不好的影响。

当地公安局网安支队多次使用"网警巡查执法账号"对两人进行警告,但他们却被流量冲昏头脑,不听劝阻。随后,市公安局相关部门介入调查。

最后,公安部门根据《中华人民共和国治安管理处罚法》第六十八条规定,分别给予马某录、马某儿行政拘留十日并处罚款1500元的行政处罚。

相关部门根据《互联网直播服务管理规定》和《互联网信息服务管理办法》等规定,对其平台账号封禁,以维护健康、文明的网络环境。

瑞士心理学家卡尔·荣格认为,我们每个人的人格都是由"面具"构成的,在不同的社交场合,人们会展现不同的形象,也就是戴上不同的面具。因为互联网的隐秘性,屏幕后的人相当于躲在一面保护墙后,因此有些人会肆无忌惮地戴上平时不会戴的面具,他们的情绪表达会更负面、更极端,甚至会暴露平时隐藏的负面人格。

这些人躲在屏幕后,通过键盘表达的内容形成网暴,给别人造成伤害。因此,随着网民规模和上网时长的增加,网络空间的治理变得越来越重要。人们渐渐形成共识:开放和自由必须以遵守法律法规为前提,网络不是"法外之地",不是随心所欲的"丛林世界"。

2022年,一个名叫郑灵华的女生顺利考上了华东师范大学的研究生。考上这所国内知名的师范院校,郑灵华非常开心。这位姑娘拿着录取通知书,满心欢喜去给躺在病床上的爷爷看。

那天,郑灵华和其他爱美的姑娘一样,细心地打扮了一下。她染了一头粉色的头发,穿上了花裙子,还用照片记录下了这些美好的时刻,分享到社交平台上。24岁的郑灵华并没有想太多,也没想到人心会如此阴暗。

郑灵华的分享不但没有得到网友的祝福,反而引来一条条恶意的评论。

有人质疑:"粉色的头发能做老师?""肯定不是什么正经人……"有人给她编造了身份:"陪酒女""夜店舞女";有人诅咒"爷爷躺在床上也是活该",甚至造起"老少恋"的谣言。她的照片被用来当作"专升本"的广告……

据统计,至少有数十条侵犯郑灵华肖像权和上千条严重侮辱性的内容在网络上迅速传播。这个学习刻苦,喜欢拍照、旅行的阳光女孩,眼睛里的光渐渐消失了。面对汹涌而来的网暴,郑灵华选择了报警,并且联系了社交媒体平台和律师。

没想到,普通的维权行为却引发了变本加厉的网暴。郑灵华因此患上了严重的抑郁症,不得不中止学业接受治疗。最终,这个女孩在充满恶意的旋涡里选择了轻生。她美好灿烂的人生刚刚拉开序幕，就被黑暗湮没。

在遗书中，郑灵华写道："每一天都好难熬，看着时针一圈圈地转，但是也没有任何感觉。"

那些网暴她的恶人中，有的是她的学弟，还有的是学刑法的硕士。这些世人眼中的高学历、高素质人才，躲在屏幕后面，双手沾满了血。

《中华人民共和国民法典》明确规定，民事主体享有名誉权，任何组织或者个人不得以侮辱、诽谤等方式侵害他人的名誉权。《中华人民共和国刑法》第二百四十六条规定，以暴力或者其他方法公然侮辱他人或者捏造事实诽谤他人，情节严重的，处三年以下有期徒刑、拘役、管制或者剥夺政治权利。

如果任由网络暴力蔓延，我们每个人都有可能成为下一个受害者。除了执法机关对网络上的不法言论零容忍之外，我们也要注意保护自己的权利，勇敢地跟在网络上侵害我们权益的人做斗争。在遇到网络上一些逾越法律底线的行为时，要拿起法律的武器保护自己。

网络不是法外之地，要正确、合法地利用网络，自觉约束个人的行为、语言。谨言慎行，避免放纵自己人性中的恶意，不做"键盘侠"，不把网络当成宣泄负面情绪的垃圾场。只有大家共同维护，才能打造一个健康和谐的网络世界。

修口

# 少妄言，有种犯罪叫"诽谤"

"诽谤"最初是个褒义词，是指民众对于国家政事的自由议论。《吕氏春秋》《淮南子》等古籍曾说："尧有欲谏之鼓，舜有诽谤之木。""诽谤之木"指在交通要塞竖立木牌，让人们写谏言。我们可以理解成古代版的"意见簿"。

到了秦始皇当政时期，因为批评他的人很多，于是丞相李斯上书建议禁止老百姓议论朝政，从此"诽谤"成为一种罪名，成了贬义词。我们今

天提到"诽谤",就是指以不实言语毁人、冤枉、议论。

诽谤别人,故意捏造并散布虚构的事,蓄意贬低他人的人格,诋毁破坏他人的名誉,是一种低劣的行为,甚至是一种犯罪。

2021年11月,吴某某在网上浏览到沈某某发布的"与外公的日常"帖文,看到沈某某发布的白发男子与年轻女孩的合照,"灵机一动",马上编造了一个"老少夫妻"的故事。

随后,吴某某在网络平台上以个人账号"飞哥在东莞"发布了下载的照片,并配文:"73岁东莞清溪镇企业家豪娶29岁广西大美女,88W礼金+一套80W二房公寓+豪车一台。"该帖文在网络热传,引起广泛关注。"不明真相"的网民展开了对沈某某的道德审判,肆意谩骂、诋毁这个女孩。据统计,相关网络平台对上述帖文信息的讨论量上万条,转发量3万余次,阅读量4.7亿余次,造成了极恶劣的社会影响。

遭到网暴的沈某某通过网络发布了澄清消息,原来这张照片是她在2018年12月发布在某社交平台上的。当时她在上海工作,外公从家乡来到上海看她,两人便拍下了一些游玩照片。没想到几年之后,这照片成了别人编造故事的素材。

沈某某曾私信"飞哥在东莞",让其删掉照片,但未得到回应。眼看事情越闹越大,吴某某似乎害怕了,"飞哥在东莞"改名并删帖。然而,此时对沈某某造成的伤害却已无法挽回。

几天后,吴某某就被公安机关依法刑事拘留。随后,广东省东莞市第一市区人民检察院以诽谤罪对吴某某提起公诉。

广东省东莞市第一人民法院判决认为:被告人吴某某在网络上以捏造事实诽谤他人,情节严重,且严重危害社会秩序,综合被告人犯罪情节和认罪认罚情况,以诽谤罪判处被告人吴某某有期徒刑一年。

传统侮辱、诽谤多发生在熟人之间。为了更好地保护当事人的隐私，最大限度地修复社会关系，刑法将此类案件规定为告诉才处理。然而，随着网络时代的到来，受害者往往是素不相识的陌生人，所以对加害者也没必要再留任何情面，对符合条件的侮辱、诽谤案件直接提起公诉。

为什么会有人"诽谤"他人呢？究其原因，无非一种扭曲的病态心理，见不得别人比自己好。只要别人比他优秀，他就会编造出别人优秀背后"见不得人的秘密"。萨迪·卡诺说："卑劣的人比不上别人的品德，便会对那人竭力诽谤。嫉妒的小人背后诽谤别人的优点，来到那人面前，又会哑口无言。"

如今，法律越来越完善。我国刑法规定，以暴力或者其他方法公然侮辱他人或者捏造事实诽谤他人，情节严重的处三年以下有期徒刑、拘役、管制或剥夺政治权利。

如果口造恶业，妄言诽谤，不仅会伤害别人，还会伤害自己。少妄言，不诽谤他人是美德，也是法治社会的基本要求。

# 第三章 戒绮语

——以非时故,邪言不正

## 注意场合，幽默不是"万金油"

幽默是生活中必不可少的"调味剂"。一个说话幽默的人，很容易获得大家的好感。

幽默的语言可以迅速拉近交谈双方的距离，化解尴尬，消除彼此的防备，增进好感。幽默的人往往具备丰富的生活积淀、乐观的心态和独特的人格品质，他们懂得欣赏这个世界，并且富有智慧。

但幽默不是"万金油"，不是所有场合都适用。我们不要把幽默仅当成一种沟通的"捷径"，要注意区分场合，不该幽默的时候不要强行幽默，否

## 第三章 戒绮语

则可能弄巧成拙。如果在不当的场合故作幽默,就会引发别人的反感,严重时还会引起事端。

周庄王十三年,齐国联合宋国一起攻打鲁国。宋国第一勇士南宫长万被偷袭,受伤被俘。后来,鲁宋两国交好,鲁国就把俘虏都放了,也包括南宫长万。

按说南宫长万为国家受了大罪,宋闵公不奖赏,最起码也要安慰一下。不过,宋闵公一向爱开玩笑,他对南宫长万说:"你看你,以前天天吹嘘自己天下第一,怎么还叫人家给俘虏了呢?以前我是君,你是臣,现在你变成了鲁国的阶下囚,相当于连降三级,就没必要像以前一样对你以礼相待了。"

其实,宋闵公并不是真的对南宫长万有什么不满,但他就是喜欢开些不合时宜的玩笑。对于一位赫赫有名的武将来说,南宫长万听到这些话自尊心很受打击,内心对宋闵公很不满。

大夫仇牧提醒宋闵公,说:"君臣之间,以礼相待,不能戏耍。戏耍就会不敬重,不敬重就会有怠慢,怠慢就会无礼数,如此悖逆产生,后果严重。"

宋闵公却不以为然,说:"我以前经常和长万开玩笑,没什么大不了的。"

过了段时间,宋闵公带着妻妾在蒙泽游玩,忽然想起南宫长万耍戟的绝技,就把他叫来表演。南宫长万能够把戟掷到几丈高的空中,再用手接住,从来没有失手过。

南宫长万奉命表演,宋闵公的妻妾赞不绝口,这让宋闵公产生了嫉妒心理。于是,他让南宫长万跟自己下棋,这是宋闵公的强项,而南宫长万是个"粗人",棋艺差了一大截。宋闵公连赢五局,输了的人要用大金斗喝酒。连喝五斗酒，南宫长万已经醉得口齿不清了，他还不服输，嚷着再下一局。

这时候宋闵公又拿出他被俘虏的事情说："你这囚犯，打仗、下棋老是输，怎么还敢和我争胜？"听了这话，南宫长万心中惭愧又愤怒，什么话都说不出来了。

正在这时，周庄王的讣告到了。南宫长万请求去洛邑吊唁，估计是想离宋闵公远一些。不过宋闵公却继续嘲笑他说："难道我宋国没人了吗，否则何至于派一个囚俘为使呢？"旁边的妻妾毫不掩饰地大笑起来。

这下南宫长万终于忍不住了。他本来就是一介武夫，加上已经喝醉，不顾君臣之礼，破口大骂："无道昏君，你可知道，囚俘也能杀人吗？"

宋闵公也怒了，跟他对骂："一个囚俘，竟敢对我如此无礼？"说着就去抢南宫长万的戟，想要刺他。

要说动武，南宫长万比宋闵公高出不止一个层次。他闪身躲过大戟，一把抄起棋盘就把宋闵公拍在地上，然后又挥动拳头噼里啪啦一顿捶，跟景阳冈上的武松一样，当场把宋闵公的脑袋捶爆了。

身为宋国国君，却总爱开臣子的玩笑，平时也就罢了，臣子被俘好不容易回来，不安抚慰问，反而拿来调侃；面对一个武夫，又是醉酒的武夫，把他被俘的事情再次拿出来，让他丢掉面子。不分场合，硬要搞"幽默"效果，最后的结果就是丢了性命。

台湾作家刘墉说过：幽默就像抓痒。抓轻了，不痒，没有效果。抓重了，不是痒，是痛，得到反效果。抓得不是时候，对方不但不痒，还可能冒火。

在交流中，幽默的效果并不总是好的，千万不要把"幽默"当成"万金油"。一个人在运用幽默的方式说话时，一定要注意场合，分清对象，掌握分寸。不分场合的玩笑不是幽默，而是愚蠢。

## 时机不对,说得再好也是"罪"

说话到底有多重要?孔子这样说:"言行,君子之枢机。枢机之发,荣辱之主也。言行,君子之所以动天地也,可不慎乎。"孔子把说话做事比喻成个人的枢机,也就是核心。刘勰在《文心雕龙》里说:"一人之辩重于九鼎之宝,三寸之舌强于百万之师。"刘勰认为语言的力量胜于军队。

既然说话这么重要，那么我们更不能随随便便开口。一句话，在我们说出来之前，我们是它的主人，但在我们说出之后，它就"失控"了。那么，说话的多少和时机哪个更重要呢？

墨子的学生问他："老师，多说话有好处吗？"墨子回答说："你看看那些癞蛤蟆、青蛙，它们虽然日夜叫个不停，口干舌燥，但有谁愿意听它们的叫声呢？报晓的雄鸡，只在黎明时啼叫几声，却能使天下震动。所以，话说多了有什么好处呢？话不在多，而在于说得切合时机。"

墨子的言论告诉我们，说话的时机很重要。如果时机不对，说得再好也没用，甚至还不如不说。

《三国演义》讲了刘馥的一个故事。

刘馥是曹操的老乡，他曾劝说袁术的部将戚寄和秦翊一起投降曹操，为曹操消灭袁术立了功。曹操任命刘馥为司徒府掾属。后来，扬州刺史严象被孙策的部将李述杀死，曹操又任命刘馥为扬州刺史。

曹操在出师攻打东吴的前夕，在一艘大船上设宴款待众将。在宴席上，54岁的曹操跟大家说出了自己的小目标："如果征服江南，就把孙策、周瑜的妻子大乔、小乔都抢过来，以娱晚年。"大家看着他开心的样子，没人扫他的兴，纷纷附和。

正笑谈间，忽然听到有乌鸦的叫声。曹操怕是不祥之兆，于是问道："这只乌鸦为什么晚上叫呢？"众人说："乌鸦看到明亮的月光，以为是天快亮了，所以从树上叫着飞走了。"曹操听了众人的解释，大笑起来。

曹操喝得越来越尽兴，已经醉了，于是拿来他的槊站在船头上，把酒洒进江中祭奠，然后又喝了三杯，摆了一个横槊立舟的姿势，跟众将说："我持此槊，破黄巾、擒吕布、灭袁术、收袁绍，深入塞北，直抵辽东，纵横天下，颇不负大丈夫之志也！今对此景，甚有慷慨。吾当作歌，汝等

## 第三章 | 戒绮语

和之。"

他说完自己的光辉历史，便举起酒杯高歌。歌曰："对酒当歌，人生几何；譬如朝露，去日苦多……"

唱完后，众人纷纷鼓掌，赞叹之声不绝于耳，一片欢乐的气氛。

正在这时，扬州刺史刘馥突然站起来说话了："大军相当之际，将士用命之时，丞相何故出此不吉之言？"

一听有人"指控"自己唱的歌不吉利，曹操不高兴了，用槊指着这个破坏大家好心情的人问道："你跟我说说，我哪句歌词不吉利了？"

刘馥回答："月明星稀，乌鹊南飞；绕树三匝，无枝可依。此不吉之言也。"

曹操听了大怒："我正唱得开心呢，你小子就会败兴！"于是手起一槊，刺死了刘馥。

等第二天，曹操酒醒了，懊恨不已，厚葬了刘馥。

刘馥无疑是个人才。他任刺史后采取聚诸生、立学校、广屯田、大兴水利等措施，并极具预见性地在合肥修建了一座坚固的城池。

建安十三年（208年），孙权进攻合肥，用了一百多天都没能攻克，最后只得撤退。此后的战争中，孙权也一直无法攻克合肥城，被一个已死之人永远挡在城外。

只可惜，刘馥没看到自己修筑的合肥城发挥作用就死了。

事实上，刘馥对曹操的提醒并没有大问题，但是时机不对。首先是曹操刚高歌一曲，场面上"众和之，共皆欢笑"，一片和谐，这时候说这种话很破坏良好的气氛；更何况，曹操此时喝醉了，脑子并不清醒，不像平时那么理智，当着这么多人的面让他下不来台，他很容易"暴走"；还有一点，曹操当时手里拿着槊，一个醉汉手里拿着凶器的时候，不说躲得远远的，起码说话不得注意点吗？总之，刘馥是在错的时机说了也许正确的话，结果害自己丢了性命。

这就像大家在KTV里给人过生日，全场的主角唱了一首歌，却有人站出来说："主角唱的这首《世上只有妈妈好》寓意不好，容易让人觉得主角的妈妈死了，这是一首缅怀歌曲。"你猜这时候会不会有人欲哭无泪？

孔子在《论语·季氏篇》中说："言未及之而言，谓之躁；言及之而不言，谓之隐；未见颜色而言，谓之瞽。"意思是说：如果在不该说话的时候说话，叫作急躁；如果在应该说话的时候却不说，则叫作隐瞒；如果不看别人的脸色，想说什么就说什么，就叫闭着眼睛瞎说。

说话是双方的交流，所以不能完全由着自己，要注意时机和技巧。在合适的时机说正确的话，才能达到积极的效果。

战国时期，楚王的宠臣安陵君很受楚王的器重。他的一个朋友江乙却提醒他，他没有自己的土地，也没有至亲骨肉，等到不受宠的时候，恐怕就会大祸临头了。江乙还说道："你掌握楚国大权，却没有办法和大王深交，你的处境实在是太过危险了。"

安陵君赶紧恭敬地请教江乙："既然如此，我该怎么办呢？还望先生指点迷津。"

江乙说道："你一定要找个机会对大王说，'愿随大王一起死，以身为大王殉葬'。"

安陵君听后十分为难，但为了保住身家性命和权位，打算找个时机对大王说。

江乙隔三岔五就来问安陵君，教他的那句话对楚王说了没有。但是过了很长一段时间，安陵君也没有说出那番话。江乙急了："我教你的话，你怎么就不对楚王说呢？既然你不用我的计谋，我就再也不管了。"

## 第三章 | 戒绮语

安陵君赶紧澄清误会:"我怎么敢忘却先生的教诲呢?只是还没有找到合适的机会。"

又过了一段时间,安陵君跟楚王一起到云梦泽打猎。楚王神勇,一箭便射死了一头狂奔的野牛。百官和护卫都捧场地称赞起来,楚王也非常开心,说道:"今天游猎真是痛快!等我万岁千秋(死掉)之后,你们谁能和我一起度过像今天这样的快乐日子呢?"

其他人根本没有反应过来,不知该怎么回答。这时安陵君心想,等了好久终于等到今天,机会终于来了。于是,安陵君走上前去,泪流满面地说:"臣进宫后就与大王同席而坐,出外和大王同车而乘,大王百年之后,我愿随从而死,在黄泉之下也做大王的席垫,日后若能继续为大王遮挡蝼蚁,那便是臣最大的荣幸了。"

楚王听到这话,感动得不得了,随即正式设坛封他为安陵君,以后对他更加宠信。

安陵君选择在楚王开心又伤感的时候说出了准备已久的那句话。只有这个时候,这句话说出来才最自然,最能打动人心。换个时间、地点,要么让人觉得矫揉造作,要么不能感人肺腑。这个故事说明了把握说话时机的重要性。

朱自清说:"人生不外言动,除了动就只有言,所谓人情世故,一半儿是在说话里。"什么时候说,说什么,怎么说,这三个问题决定了一个人说话的效果。会说话的人,一定拥有把握时机的能力,那就是在正确的时间、正确的地点,用恰当的方式,说出合适的话。

# 对象不同,说话也当不相同

俗话说,千人千面。每个人的性格不同,对同样的语言给出的反应也不一样。要想达到好的沟通效果,说话的内容和方式就要因人而异,用对方容易接受的方式去说,才能达到"同声相应,同气相求"的效果。

《论语·颜渊》曰:"夫达也者,质直而好义,察言而观色,虑以下人。"就是告诉我们说话要分对象,因人而异,学会"察言观色",讲究"求神看佛,说话看人"。这并不是见风使舵或曲意逢迎,而是沟通的智慧。

孔子有两个学生，一个叫冉求，平时做事不果断，犹犹豫豫，性格有些懦弱；另一个叫仲由，胆子大，做事不顾后果，比较莽撞。针对这两个不同性格的学生，孔子对他们的教育方式也不一样。

一次，仲由问孔子："老师，这件事我听明白了，我迫不及待地想实践一下，您看怎么样？"孔子回答说："不怎么样，你老老实实地待着，别去做。"

一会儿，冉求来了，问了孔子同样的问题："老师，我听说这样做应该可以，想试试，您看能行吗？"孔子回答："当然可以，我觉得你完全没问题，大胆去做吧！"

公西华听到孔子对两个学生给出了两种不同的回答，感到有些疑惑，心里认为孔子这个老师不太负责任，就问孔子："这两个人问的问题明明是一样的，你为什么给出的回答却不同呢？我有点儿糊涂了，您能不能给我解释一下……"

孔子这样回答他："冉求平时做事好退缩，所以我得鼓励他，增加他的勇气；仲由好胜心太重，容易闯祸，所以我得拉着他点，不能让他冲动，让他做事三思而后行。"

两千多年前，孔子教育弟子就懂得因材施教，根据学生的不同性格，对于学生提出的相同问题，给出不同的答案。我们在跟别人交流时，也要用不同的语言面对不同的人，从而创造和谐、融洽的交流氛围，达到说话的目的。

很长一段时间，孔子都是带着弟子辗转各诸侯国游学，一路上自然是风餐露宿，十分辛苦。

某日，一行人经过一个村庄，又累又饿，于是停下来休息，顺便啃着窝窝头充饥。就在大家放松精神的时候，孔子的马也饿了，挣脱缰绳，跑

# 修口

到人家的庄稼地里啃了麦苗。农夫非常生气，于是把他们的马给扣下了。

没了马就要徒步，这哪受得了啊！于是，孔子让弟子把马要回来。一向能言善辩的端木赐（字子贡）自告奋勇，要去说服那个农夫，争取和解。端木赐特别善于跟商人、士大夫打交道，他被称为"儒商之祖"，自然是口才超群。

他找到农夫之后，满口之乎者也，从天文地理聊到宇宙生命，讲了一堆大道理。可是尽管他说得口吐白沫，农夫就是不作出任何让步。

眼看怎么也说服不了农夫，一位跟随孔子不久的弟子对孔子说："让我去试试看吧。"这人没什么学问，行事也比较粗犷，孔子想了想，同意了。

这人对农夫说："您不是在东海种地，我也不是在西海种地，我的马怎么可能会不吃你的庄稼呢？"听这意思，好像"我的马不吃你的庄稼才不正常"。

没想到农夫听了这话，却觉得他说的有一定的道理，对他说："说话就要这样直截了当，怎么能像刚刚那个人那样，话都说不明白！"于是，解开缰绳把马还给了他。

一场对话，总是发生在双方之间。说话人不仅要考虑自己，还要关注说话的对象。对于大字不识、一辈子没出过村镇的农夫来说，说那些之乎者也的大道理，他根本听不懂，反而不如用"简单粗暴"的方式沟通有效果。

讲话不能想说什么就说什么，要站在听话者容易接受的角度组织语言。如果不看交谈的对象，比如对不讲道理的人讲道理，对不谈感情的人聊感情，对不懂音乐的人谈音符，那就好比"对牛弹琴"，打不开对方的心锁。

《红楼梦》里的王熙凤就特别会说话，面对贾府上上下下那么多人，能够做到左右逢源。

比如林黛玉刚进贾府时，王夫人问："要不要给黛玉拿些料子做衣裳呀？"王熙凤马上回答："您放心吧，我早都预备好了，哪能亏待黛玉呢？"也许她并没准备什么料子，但一句话，就在几个人面前卖了好。

还有一次，邢夫人要讨老太太身边的鸳鸯给老爷做妾。王熙凤听后是这样说的："别去碰这个钉子。老太太离了鸳鸯，饭也吃不下去的。况且老太太常说老爷放着身子不保养，官儿也不好生做。"她觉得这件事情行不通，就劝说邢夫人。

不过邢夫人听了这话却不高兴，冷笑道："大家子都三房四妾的，老爷怎么就使不得呢？"

王熙凤一看邢夫人的态度，立马改口，赔笑说："太太这话说得极是，我才活了多大，知道什么轻重，想来父母跟前，别说一个丫头，就是那么大的活宝贝，不给老爷给谁？"

这话一说，邢夫人就喜笑颜开。

同样一件事，完全相反的说辞，都出自王熙凤一个人的口，把同样的谈话对象邢夫人说得是全身舒坦。王熙凤虽然面对的是同一个人，但却清晰地分辨出了对方的喜怒哀乐，投其所好地给出了答案。当然，我们不是要学习王熙凤做事圆滑，而是要学习她的沟通技巧。

我们说话一定要学会换位思考，甚至学会"向下兼容"，根据听话人不同的身份、性格、脾气、喜好采用不同的说法。只有我们表达的意思被对方顺利甚至愉悦地接收到，我们所说的话才有意义。

# 开口之前,先摆清自己的"身份"

我们每个人都有各自的"身份",或称为角色。在社交场合中,我们的交流内容会受限于"身份",说出的话不能与自己的角色相悖。如果游离于自己的"身份",势必会给人一种不和谐的感觉,从而造成交流不畅。

苏格拉底说:"认识自己,方能认识人生。"在交谈之前,我们要明确自己的身份定位,一旦开口,就要像演员一样,嘴里说出符合角色的台词。如果说出不符合这个角色的话,轻则"出戏",重则毁了一部好剧。

## 第三章 | 戒绮语

三国时期，有个人叫许攸。许攸少年时与袁绍和曹操玩得都不错，跟曹操交情尤其深厚，他们算得上铁哥们儿。

袁曹官渡之战时，许攸在袁绍帐下充当幕僚，跟另一个哥们儿曹操作战。打到后期，曹操越来越顶不住了，兵力损耗殆尽，粮草供应不上，一些州郡叛变，眼看要崩盘。

这时候许攸投奔曹操，并非他顾及昔日兄弟感情，而是因为他在袁绍那边混得不开心。

曹操听说许攸到了，开心极了，光着脚丫子跑出来迎接他。许攸不负期望，把袁绍那边的军事情报一五一十跟他说了，并建议曹操奇袭袁绍的粮仓乌巢，毁掉其粮草辎重。曹操采纳了许攸的计策，一举大败袁绍。

袁绍死后，曹操攻打冀州，许攸又建议决漳河之水倒灌城池，曹操又采纳了。

许攸自恃功劳很大，飘飘然了，忘了自己只是个谋士，开始以曹操的"救命恩人"自居。

许攸不再尊重曹操，而是直呼曹操小名，经常提醒他说："曹阿瞒，如果没有我帮你，你是得不到冀州的，弄不好还会成为袁绍的俘虏。"曹操尚能保持微笑，但他身边的将领们却都愤愤不平。

有一天在东城门，许攸与骑马回城的许褚相遇，又开始显摆自己的功劳："要不是有我，你们怎么能够自由出入此门？"

许褚大怒："这城池是我们流血牺牲打下来的，你何德何能，敢在老子面前信口开河？"许攸一听，觉得连曹操都赞同他的功劳，许褚一个武夫，竟然敢骂他，于是开始大骂许褚。许褚也不跟他废话，拔出剑来就把他杀了，还提着人头去见曹操。

曹操对许褚并没有作出任何处罚，只是跟大家解释了一下："许攸是我的老朋友,他说的那些话都是玩笑罢了,你们不用当真!"然后,盼咐将许攸厚葬了事。

这是《三国演义》中的说法。《魏略》中则记载,是曹操下令抓了许攸,最后杀死了他。

曹操本来对许攸这位功臣是相当倚重的,就连"谋废立"这种事情都跟他商量。然而,领导倚重是一回事,自己要对自己的定位有清醒的认识。许攸的确于曹操有大功,但却不该仗着自己有功且是曹操的发小,就忘记上下尊卑,张口闭口称呼丞相"曹阿瞒",最终引来杀身之祸。

现实中,随着人际交往场合和交流对象的不同,一个人会拥有不同的角色定位。一个男人,在儿子面前是爸爸,在妻子面前是丈夫,那么在跟儿子和妻子交流的时候,就要符合自己的角色定位,不能错位,如此才能当好父亲和丈夫。

曾经有个小伙子入职了华为公司,他非常开心,准备大展宏图。于是,他给时任公司总裁任正非写了一封信,洋洋洒洒有上万字。在信中,他指出了华为存在的一些问题,提出了自己对公司未来发展的规划,就公司经营策略问题向任正非建言。

任正非看完这封信后,直接批复:此人如果有精神病,建议送往医院进行治疗;如果没病,建议辞退。

华为《致新员工书》里面有这样一段话,很好地诠释了华为对员工提建议的态度:要有系统、有分析地提出您的建议,您是一个有文化者,草率地提议,对您是不负责任,也浪费了别人的时间。特别是新来者,不要下车伊始,动不动就哇啦哇啦。要深入、透彻地分析,找出一个环节的问题,找到解决的办法,踏踏实实地一点一点地去做,不要哗众取宠。

华为还有一封万言书《千里奔华为》,提出者是清华大学毕业的延俊华博士。他根据自己在华为中试部的亲身经历，提出了华为存在的一些问题和建议。同样是万言书，这位的境遇完全不一样。

任正非称赞其为"一个会思考并热爱华为的人"，给了他机会让他担任发货流程管理变革小组组长，后来又根据他工作中的优秀表现，将他提升为部门副部长。任正非还安排将万言书原文和讨论一并发表在内部《管理优化报》上，并组织各部门骨干学习讨论。

两份万言书，一份是刚刚入职的员工，本职工作还未做好，就站在领导的位置上去"指点江山"；另一份则是从自身所处的岗位出发，根据自己的实际经验，善意地指出公司的问题并提出建议。两者的区别还是很明显的，如果公司的员工都认不清自己的位置，干着基层的活儿，操着董事长的心，那么这个公司肯定发展不好。

说话聊天，看上去似乎就是动动嘴的事，但如果不动脑子，认不清自己的位置，那么就容易言语出格，把本来好好的人际关系搞坏了。比如跟长辈聊天，我们是晚辈，就要表现出对长辈应有的尊重，观点可以不一致，态度必须做到"长幼有序"；跟领导聊天，就要做到不卑不亢，言之有物，谨慎但又不能过分紧张。

老子说："知人者智，自知者明。"认清自己的人设，找准自己的定位，演好自己的角色，说符合身份的话，这样的交流至少成功了一半。

## 赞美和谄媚，不过一线之隔

喜欢赞美也许是写在人类基因中的密码，无论是牙牙学语的孩子，还是白发苍苍的老人，都喜欢得到外界的认可、鼓励和赞美。赞美的语言可以激活大脑纹状体，促进大脑分泌出一种令人愉悦的物质。因此，"赞美"是对人们的一种"奖励"。这种奖励可以满足人们被社会认可和接受的情感需求。

得克萨斯大学奥斯汀分校人际沟通学家马克·L.耐普认为：当别人称赞我们擅长的事情时，我们会将其纳入如何看待自己。许多人甚至寻求赞美以进一步巩固这种形象。同时，为了过上健康的生活，我们都寻求认可和支持。当没有赞美时，我们会感到心理上营养不良。

简单来说，人类天生需要获得认可，需要赞美。因此，在人际交往中，得体的赞美是必不可少的润滑剂，是一种有效的沟通技巧。但是赞美不是谄媚，不当的赞美，会引起对方不适，反而成为交谈双方的阻碍。合理利用赞美的力量，是一种智慧。

清代大才子袁枚，二十多岁的时候就被任命去某地当官。赴任之前，袁枚去向他的恩师尹继善辞行。尹继善是乾隆年间的名臣，曾任封疆大吏几十年。

尹继善生怕自己的学生因为年轻，不懂官场上的规则，于是问他："当官是一门学问，你赴任之前，有什么准备啊？"

袁枚老老实实地回答："学生也没有特意准备什么，就准备了一百顶高帽子。"

正直的尹继善一听有些不高兴了，说："为官要正直！我教你的东西你都学哪里去了？你年纪轻轻不学好，怎么能搞这一套呢？还是要讲究勤政务实呀！"

袁枚说："老师，您说得对，可是您有所不知，如今的社会风气，像您老人家这样不喜欢戴高帽子的人又有几个呢？真的是凤毛麟角呀！"

尹继善听袁枚说完这句话，笑着捋着胡子，微微点头，很是受用。随后，师生欢欢喜喜地告别了。

袁枚从尹继善家里出来后，感慨地说："我这还没赴任呢，准备好的一百顶高帽子就已经送出去一顶了。"

袁枚赞美的正是老师引以为豪的品格，因此老师对这顶高帽照单全收。

得当的赞美能够让听者如沐春风，拉近交谈者之间的距离。不过，赞美和谄媚只有一线之隔，如果把握不好赞美的尺度，过度的恭维就变成谄媚。谄媚往往会让理智的沟通对象感到不自在，其结果是适得其反的。

话说明武宗朱厚照出游南京，一路上游山玩水，好不快乐。有一天，他想体验一下渔民的生活，于是坐船去湖上打鱼。一网撒下去，群臣纷纷拍手叫好，夸奖他撒网的动作专业。

明武宗也很开心，像模像样地把网拉上来一看，一条鱼都没有，倒是网上来一只大大的癞蛤蟆。朱厚照看着周围憋着笑的群臣，也觉得有些尴尬，就想放生了蛤蟆再下一网。

不料这时候一位官员灵机一动，逢迎说："这可不是普通蛤蟆，一般人可网不到啊！还是皇上洪福齐天，市面上这种神异金蟾至少能值五百金！"这位官员说完，觉得化解了皇帝的尴尬，洋洋得意。

不过朱厚照又不是真傻，听完这话就感觉此人把自己当成了纯种大傻子，于是顺水推舟说："还是你识货啊，那就卖给你吧！一般人我都不卖给他！"

这位官员没办法，只好花大价钱买下这只癞蛤蟆。

赞美必须从真诚出发。如果不是发自内心的认可，对方听起来就会感觉到你的虚伪。面对肉麻的吹捧，人们是不会感到愉悦的，只会厌恶和唾弃。

有这么一则寓言故事：有一位国王，年轻的时候作战很勇猛，结果在战场上不幸被敌人射瞎了左眼，然后从马上掉下来，摔瘸了左腿。高大帅气的国王变成这个样子，他感到很难过，整日郁郁寡欢。

后来，国王年龄大了，想给后世留下一幅画像，好让他们记得自己。

找来的第一位画师是"写实派",他栩栩如生地画下了国王的瞎眼和瘸腿。国王看到画面上自己可怜的样子,认为遭受到了侮辱,愤怒地下令把画师砍了。

第二位画师吸取了前一位画师的教训,进行了一系列"艺术加工"。画像上的国王高大英俊,两只眼睛炯炯有神,两条腿修长有力。国王说道:"这个家伙太虚伪了,一看就是糊弄我的!"第二位画师也被砍了。

第三位画师吸取了前两位画师的教训,既不能完全写实,也不能无底线地谄媚,于是他画了一幅国王狩猎图。画像上的国王一只脚踩在一块石头上,手举猎枪,一只眼睛闭着瞄准前方的野兽,样子十分威武。

国王看后,觉得这位画师完美处理了自己的缺陷,而且并不虚假,非常高兴地赏赐了他,并把这幅画挂在王宫显眼的位置。而且,国王从此解开心结,不再为自己的缺陷而烦恼,恢复了往日的勇气和自信。

美国著名心理学家威廉·詹姆斯说:人类本性上最深的企图之一是期望被赞美、钦佩、尊重。卡耐基在《人性的弱点》中也提道:赞美是一种合情合理的温柔,所有的凡人都会享受它。没有人不希望得到别人的欣赏和尊重,因此,赞美是人人都需要掌握的说话神器。

赞美别人,有些原则要遵循。首先,就是真诚,要去赞美对方真实的优点,不能无中生有,更不能把对方的不足当成赞美对象。赞美要发自内心,做到情真意切,不要用敷衍的语言说出赞美的话,那样必将被人识破。其次,过犹不及,赞美要注意尺度。过度赞美就走向了谄媚,而谄媚会让人丧失人格、丢掉尊严,招来对方的反感和抵触。

# 与人交往，言语分寸要把握

与人交往要注意分寸感，懂得遵循人与人之间必要的距离。这个距离意味着对对方独立人格的尊重，包括尊重对方独处的权利。与人交往，不管与对方熟悉程度如何，都要在言语上把握分寸，给人自在却不疏远、亲切却不失尊重的感觉。

一个人言语上的分寸感来自对交谈双方角色的清晰定位、双方关系亲密度的认知，并且综合考虑所处的场合氛围。说话的时候，多换位思考，不说冒犯对方的话，不说逾越双方关系的话，总之要照顾对方的感受，不

要越界。

黄永玉和钱锺书曾是相距只有二百米的邻居，但两人平日很少串门，从不打扰对方。

黄永玉的家人从老家送来春茶、春笋，他想送给钱锺书尝尝鲜，他心里想，"先打个电话，东西送到门口也就罢了"。随后，他把东西放在门口，悄然离去。

钱锺书喜静，平时很少出门。如果想去拜访黄永玉，也是先打个电话，问问对方有没有时间，约好时间才上门，从不搞"突然袭击"。

就这样，两人做了几十年的邻居，见面次数却少得可怜。

蔡康永说："过于热情不是一个维持良好关系的方法，与人相处最好冷淡一点。"

成熟的人，讲究"君子之交淡如水"。不要觉得这种相处方式会让人觉得冷漠不近人情，相反，这是与人相处的大智慧。能够把握分寸感的人，会给人一种安全感。和这样的人在一起，人们心理上会放松，说话聊天不会累。

越是好的关系，越要懂得保持"边界感"，面对再熟悉的人，也不能逾矩。言语上守分寸，意味着我们不能把尖酸刻薄当作性格直爽，意味着对不同关系的人要说不同的话，意味着要根据谈话对象的情绪选择不一样的语气……

后唐末帝李从珂在河东节度使石敬瑭的帮助下夺得了皇位，但又很忌惮他。作为李从珂的部下兼妹夫，石敬瑭也很怕被皇帝猜忌，整天愁得吃不下饭，后来竟瘦得皮包骨头。

不久，契丹人侵扰边境。石敬瑭的妻子永宁公主向母亲曹太后求情，让李从珂放石敬瑭回太原。李从珂看到石敬瑭快病死了，契丹人又打了过来，就把他派回太原去镇守。

石敬瑭回到自己的地盘后，一方面把河东地区守得固若金汤，另一方面夹着尾巴做人，生怕李从珂怀疑他造反。

李从珂生日的时候，石敬瑭让妻子永宁公主去洛阳祝寿。庆祝过后，永宁公主跟哥哥李从珂说石敬瑭生病需要照顾，自己得回去。

没想到此时李从珂已经喝多了，口无遮拦，他随口跟妹妹开玩笑："妹妹刚到京城就急着回去，莫非想同石郎一起造反吗？"

不过说完这句话，李从珂也知道自己失言了。身为皇帝，他怎么可以随意开口说哪个臣子要造反呢？更何况是真有实力造反的臣子，这不是逼着别人先下手为强吗？于是，李从珂赶紧解释："妹妹不要多想，刚才哥哥只是跟你开个玩笑而已。"不过说归说，他还是把永宁公主扣留了下来。

永宁公主偷偷给石敬瑭写了一封信，让亲信秦涉连夜奔赴太原交给石敬瑭，把自己这边的情况告诉了丈夫。

石敬瑭觉得李从珂是酒后吐真言，无奈之下，他只好真的造反了。李从珂在兵力尚且强盛的情况下，却意志消沉，不敢出战，手下纷纷投降石敬瑭。

眼见大势已去，李从珂带着传国玉玺与曹太后、刘皇后以及儿子李重美等人登上玄武楼，自焚而死。

李从珂一定没有想到，因为自己对妹妹说的一句戏言，竟招来如此大祸。作为哥哥，他跟妹妹开玩笑不要紧，但妹妹还有个身份是石敬瑭的妻子。把这么重要的想法告诉核心的利益相关人，可见李从珂一点也没有掌握说话的分寸。

俗话说："好在适度，误在失度，坏在过度。"说话的尺度非常重要，什么话可以说，什么话不可以说，用什么方式、语气说出来，都要考虑周到。关系没到位，有些话就不能说，有些事就不能打听，有些人就不要议论。即使关系到位了，也不开恶意的玩笑，不去追问别人的隐私。这不仅是对别人的尊重，也体现了自己的修养。

三国时期，为了立嗣之事，曹操愁得头疼：按长幼顺序应立曹丕，而且他各方面条件还不错；但是论自己的喜爱，才华横溢的曹植更胜一筹。两个儿子都不错，到底要选哪一个呢？

曹操思来想去，也无法决定让哪个儿子继承王位。于是，他去找贾诩，想征求一下这位著名谋士的意见。

不料贾诩就像没听到他的问题一样，一声不吭。曹操有些生气，就跟他说："喂，我问你话呢，你怎么不回答？"

贾诩说："不好意思，刚才我正在想一件事呢，走神了。"

曹操就问："你想什么呢，那么入迷，说来听听。"

贾诩回答："我正在想袁绍、刘表废长立幼招致灾祸的事。"

曹操听后哈哈大笑，马上明白了贾诩的言外之意，后来立了曹丕为太子。

自古以来，废立之事都是送命题，不管主动还是被动，掺和进这种事情都容易招致祸端。上面的故事中，贾诩并没有明确回答曹操的问题，因为如果说得太直白，就容易引起曹操的猜忌，对自己没有好处。贾诩的智慧就在于说话有分寸，点到为止，用别人的例子侧面表达自己的观点。

言语有分寸就是恰到好处，是见好就收，是不偏不倚，是根据谈话对象、时间、场合调整说话的内容、语气、语速。与人交往，愿你守边界、知进退。

# 第四章 戒谗言

——口说是非，心生烦恼

# 来说是非者，便是是非人

世界上凡是人群聚集的地方，就有人会拐弯抹角地炫耀自己，添油加醋地贬低别人，相互窥探地搬弄是非。生在世间，少有人能逃得过被别人议论或评价的。在一千个人口中，就有一千个不同的你。我们永远不知道，自己在别人的嘴里有多少个"版本"。虽然被人议论是一种常态，但我们尤其不喜欢在背后"嚼舌根"、搬弄是非的人。

唐代诗人杜荀鹤的诗中写道："逢人不说人间事，便是人间无事人。"弘一法师有言："可以谈天气，说日月星辰，花开花落，只是不言人是非。久之，得疏阔温婉之气；久之，己净，也令人敬。"一个成熟的人懂得"来说是非者，便是是非人"的道理，他们更关注自身的成长，而不是他人的是非对错。只有谨言慎行，不到处乱说话，才不会给其他人造成困扰，或者惹祸上身。

烽火戏诸侯故事中的女主角褒姒，深受周幽王宠爱。后来，褒姒为周幽王生下儿子伯服。

大臣们担心太子宜臼地位不稳，纷纷上书劝周幽王不要太过宠爱伯服。之前因为周幽王沉溺褒姒美色，不理朝政，申后曾上书劝说，褒姒早就对她不满，现在更担心她是大臣们的幕后主使，影响日后儿子争夺王位。

褒姒收买了不少宫人，让他们暗中监视申后和太子的一举一动，自己则不停地在周幽王面前搬弄是非、吹耳边风。

申后和太子蒙在鼓里，完全不知道他们的一点小疏漏和瑕疵都被人记在了小本子上。周幽王每天一进卧室，宠爱的大美人褒姒就拿着小本子等着他，一条条地向他"汇报"申后和太子犯的错误。"汇报"不完成，褒姒就不让周幽王上床。

周幽王本就宠爱褒姒，又看她整天板着扑克脸不高兴，心疼得不得了，对褒姒的状告照单全收。在褒姒的鼓动下，他终于废了申后和太子。

申后带着太子投奔了父亲申侯。申侯看女儿和外孙被欺负成这样，非常愤怒，于是暗中谋划对抗周王朝。

后面的故事大家都知道了。为了博冰山美人一笑，周幽王烽火戏诸侯，失去了诸侯的信任。申侯则抓住时机联络犬戎进攻镐京，周幽王点起烽火再没人来救他。犬戎攻克镐京，杀死周幽王，掳走褒姒，"尽取周赂而去"。

褒姒的下场可以说是咎由自取。《诗经·大雅·瞻卬》中有讽刺褒姒的诗句："妇有长舌，维厉之阶。乱匪降自天，生自妇人。"意思是，灾祸并非从天而降，而是这个爱搬弄是非的"长舌妇"制造的。

"是非"是麻烦的源头，是矛盾的开端，无论有意还是无意，他人的是非一旦由我们口中说出，我们就需要对其产生的不良后果负责任。不随意谈论别人的是非，不随意评价他人，不在背后"嚼舌根"，这是一种善良，也是一种教养。

东汉名将马援的侄子马严、马敦喜欢在背后议论别人，结交游侠。

马援南征交趾时，特意从军中写信告诫他们说："我希望你们以后听到他人的过失，就像听到父母的名字一样，耳朵可以听听，嘴巴却不许说出来。好议论他人是非，胡乱评论他人、褒贬时政和法令，这是我最厌恶的行为。你们都应该知道这种行为的坏处，现在我之所以还要再提醒你们，就是希望你们终生不要再犯。"

马援深知说人是非的危害，因而告诫侄子严格要求自己，谨防祸从口出。修身、齐家、治国、平天下，首先要修己，要经常反省、观照自己。要修口，嘴里不要说出挑人毛病的话，不要说出引起别人误会、冲突的话。

曾国藩在官场从不乱嚼舌头，从不在背后评论别人，他的谈话内容更从不涉及八卦之事。清末政局动荡，各方势力盘根错节，每逢勋贵出事，总有一批跟他们扯上关系的官员倒霉。曾国藩因为从不论人是非，在官场上也就没人攀咬他，结果创造了十年连跳十级的官场奇迹。

嘴上说人是非，心里也干净不了多少。只有那些闲得没事干、见不得别人好的人，才喜欢到处嚼舌头。如果有人跟你说起别人的是非，那么他在别人面前，同样不会对你留下口德。我们都不愿意跟这样的人在一起，以免终日被别人或者关于自己的是非困扰，从而白白消耗宝贵的时间与精力。

与人交往，要多一些同理心，收起自己的傲慢与偏见。心怀善意，不要急于评价、判断一个人，不要随意给别人"贴标签"，不要在背后非议别人。不做搬弄是非的小人，专注于提升自己，输出更多的价值，你会拥有更广阔的社交空间。

## 暗室亏心，神目如电

人常说语言是武器，但我们要知道，武器是没有善恶的，掌握在善人手中，它便发挥善的功用；掌握在恶人手中，它便是作恶的帮凶。

《左传》讲述了申侯和辕涛涂之间的故事。

申侯原本是楚文王的宠臣，但是此人人品不好，爱玩弄口舌、搬弄是非，在楚国得罪了不少人。楚文王是了解他的，因此在将要去世时，就告诉申侯："申侯啊，你这张嘴挺让人讨厌的，我驾崩后，你怕是有杀身之祸，尽快远走高飞吧。"

申侯在楚文王丧葬之后，就逃到了郑国。靠着媚上欺下的奸佞手段，他很快就得郑文公的宠信，成了郑国的大夫。

公元前656年，齐桓公率领诸侯联军伐楚。楚国一看对方来势汹汹，就派大夫屈完讲和。于是，诸侯和楚罢兵议和，准备回国。此时，联军中陈国大夫辕涛涂找到郑国大夫申侯向他诉说了自己的担忧。

辕涛涂跟申侯说，诸侯联军退兵回国，途经陈、郑两国，作为同盟国，齐桓公势必会让这两国提供大军所需的粮草。这么多军队过境，人吃马嚼，所需的粮草可不是个小数目，两国的压力太大了。然后，辕涛涂提出两人一起向齐桓公建议，让齐桓公带领诸侯联军，向东海之滨进发，沿海北上，这样后勤补给的任务就落不到陈、郑两国头上了。

申侯听了之后竖起大拇指，连连点头："这建议好，我完全同意。"

于是，辕涛涂找到齐桓公，将自己的建议说了一遍，并说这样可以威震东夷各族。齐桓公一想，也有道理，就准备换条路线回去。

没想到过了一会儿，申侯来了，他对齐桓公说，辕涛涂建议君上改道，不过是想为陈国节约粮草罢了，更改路线，对联军和齐桓公一点好处也没有！

齐桓公一听，觉得还是申侯说得更有道理，自己差点让辕涛涂给蒙了，于是马上把辕涛涂抓了起来，在军前揍了一顿，绑在帐篷外面示众。齐桓公还逼着郑文公把虎牢关赏给申侯，作为奖励。

辕涛涂蒙了，本来跟申侯说好的一起去劝谏齐桓公换条路线，你不附和也就罢了，怎么还背后捅我一刀呢？后来，陈宣公亲自赔罪求和，花钱买通齐国的易牙、竖刁，献出更多的粮草，再低三下四地赔罪，总算是把辕涛涂给赎了回来。

回国后的辕涛涂，自然是对申侯恨之入骨。

第二年，辕涛涂路过虎牢城，撺掇申侯加筑城池。申侯害了辕涛涂之后，竟然没防备对方会报复，就按照辕涛涂的建议把虎牢城建得异常雄伟。辕涛涂则在郑文公面前给申侯上眼药，说虎牢城比国都还要威武啊。这加深了郑文公内心对申侯的不满。

后来，郑国背齐事楚，齐桓公不能容忍郑国的背叛，出兵猛烈讨伐，陈国也跟着参加了。

此时辕涛涂便给郑文公写了一封信，说："申侯不顾郑国利益，上次讨好齐桓公，自己得了虎牢关，现在又媚楚，使郑国背上违背道义的恶名，还引来了战争。只要杀了申侯，再向齐桓公认错，重新加入联盟，齐兵自可退。"

郑文公眼看战场上抵挡不住，就把背叛楚国的锅甩给申侯，把他砍了。

申侯虽然死于郑文公之手，但根源却是他自己。如果不是他坑害辕涛涂，对方又怎会想方设法地报复他，甚至联合郑文公甩锅给他呢？所谓搬起石头砸自己的脚，害人害己就是如此。

人和人之间交往，难免会涉及一些利益冲突，不可避免地产生一些私心，这些都是可以理解的。人们不反对君子之争，但厌恶的是毫无底线的背后动作。如果为了自己的利益，搬弄是非，损人利己，即使当时可以获得一些好处，日后也必将付出相应的代价。

在古代，法律有明文规定，背后"诬告"别人的，"反其罪"。汉初张家山汉简的《二年律令·告律》中记载："诬告人以死罪，黥为城旦舂，它各反其罪。"现在虽然没有这样的法律规定，但出于各种阴暗的动机挑拨他人关系、搬弄是非、毁人清誉的行为，必将为人不齿。

亏心的事做多了，害人的话说多了，容易形成心理障碍。唯有常怀善良之心，常修口德，心中才能坦坦荡荡，睡得好，吃得香。人活一世，无论做人还是做事，要有原则和底线，要有敬畏之心。如果心存恶念，纵使巧舌如簧，能蒙骗别人一时，却骗不过天理。

## 无心是非语,利如杀人刀

在人际交往中,我们的无心之语有时候会"莫名其妙"地引发别人的强烈情绪,导致好好的谈话氛围被破坏,而我们却不知道问题出在什么地方。心理学上把这种现象称为"瀑布心理效应"。从这个名字可以看出,这种无意间说出的话有点儿"一石激起千层浪"的效果。

如果我们说出的话涉及他人的是非之事,比如在背后评论了某人,而此人与谈话对象正好有某种关系,那么我们无意间就在别人那种下一颗种

子。这颗种子将来生根发芽会结出什么样的果实，是甜的还是苦的，我们完全无法预料。

俗话说，"说者无心，听者有意"。有时我们的无心之语可能已经伤害了被谈论的人，自己却未曾察觉。

"我没到你家喝过一杯茶，没借过你一分钱，你说什么闲话，搞得我儿子和儿媳闹离婚。"某村的两位村民从质问开始，逐渐升级到互相谩骂、推搡，造成一人肋骨骨折和肺部挫伤。

这两人本是抬头不见低头见的邻居，此前也无任何过节，怎么就发展到大打出手呢？原来都是几句无心之语引起的。

当事人之一的潘某裕本来是双喜临门，他的独生儿子刚成婚不久，儿媳也有了身孕，一家人和和美美，憧憬着未来更好的日子。没想到儿媳快到预产期了，居然闹着要和远在南宁打工的儿子离婚。

潘某裕一头雾水，直到儿子打回电话来才知道问题竟然出在自己身上。儿子问他是不是在外赌博，欠下了赌债。媳妇正是听说老公公在外面欠下赌债，害怕被人追债，才闹起了离婚。

儿子今年刚结婚，房子装修时确实借了钱，但这在农村是很正常的。说自己赌博成性，这又从何说起呢？潘某裕对这个传言非常气愤，到处打听从哪里传出来的。

最终，他辗转找到源头，原来是潘某成说的。

就在一个半月前，潘某成到潘某裕儿媳妇的堂叔家喝酒。两人非常尽兴，从下午一直喝到晚上。喝大了以后，他的嘴巴也就没有把门的了。他无意中聊到潘某裕，自己也不记得说了什么话，但肯定不是好话。

经过"接力"，最后传到潘某裕儿媳耳朵里的版本变成这样："潘某裕吃喝嫖赌都会，不想赚钱，还找侄儿借钱，欠了十多万元外债。"

## 第四章 | 戒谗言

听到自己在儿媳那的形象变成这样，潘某裕怒火中烧，便气冲冲地去找潘某成要个说法，然后出现了开头的那一幕。

被打的潘某成觉得自己很冤，他喝醉了确实提过潘某裕找人借了点钱，但只说了几句，并没有传言中那么夸张。最后，通过司法所工作人员的调解，两人才达成和解。

一句酒后的无心之言，却引发邻里间的矛盾。说的人可能没有任何恶意，但听的人却可能从中解读出负面信息。再加上不修口德之人的以讹传讹、添油加醋，最终流言以恶意满满的丑陋面目出现，给别人造成伤害。

舌上有龙泉，杀人不见血。闲谈之时的无心之语，常常使人落入搬弄是非的泥潭。话一旦说出口，你就无法控制它。钱锺书曾说：流言这东西，比流感蔓延的速度更快，比流星所蕴含的能量更巨大；比流氓更具有恶意，比流产更能让人心力交瘁。

《诗经》里面讲："人之多言，亦可畏也。"

1935年3月8日凌晨，民国影星阮玲玉服下安眠药自尽，生命永远定格在25岁。吞服安眠药之前，她留下了两封遗书，其中一封写下了"人言可畏"。她在遗书中写道："我一死何足惜，不过，还是怕人言可畏。人言可畏呀！"

阮玲玉离世之后，数十万人涌上上海的街头为她送行，鲁迅等人纷纷为她撰文纪念。

鲁迅在《论人言可畏》里说："有的想，我虽然没有阮玲玉那么漂亮，却比她正经；有的想，我虽然不及阮玲玉的有本领，却比她出身高；连自杀了之后，也还可以给人想，我虽然没有阮玲玉的技艺，却比她有勇气，因为我没有自杀。"

言语乃是无情剑，不经意间最伤人。这是一个言论自由的时代，也是一个流言能致人死的时代。也许你无意为恶的一句话，对于当事人而言，就是压垮骆驼的最后一根稻草。"我不杀伯仁，伯仁却因我而死。"

生活中，大部分矛盾来自别人无意中的"闲话"，人人都知道"祸从口出"，却是知易行难。我们每个人的生存环境、成长经历都不相同，不要站在自己的立场去随意评判别人的生活方式，不要随意揣测别人的行事动机，不要随意传播别人的言语。人后不论是非，是真正的成熟。

人类天生具有好奇心，但如果把好奇心用在探听别人隐私，作为八卦谈资上面，就用错了地方。人类天生具有表达欲，但如果把谈论的重点放在背后评判别人、搬弄是非上面，就把语言变成了伤人的利器。

杨绛先生说：世界是自己的，与他人无关。但人或多或少总是有说闲话的毛病，喜欢把别人的事情当作谈资，这是一种人性。我们要抑制这种不好的人性，闭上是非之口。

成年人的世界里，嘴巴就是风水。只有管住嘴、慎言是非、口中有德的人，才能拥有幸运的一生。

## 静以修心,不言他人是非

《鬼谷子》说:"口者,心之门户也。"言为心声,修口就是修心。心正、念正,言行自然端正。一个内心宁静的人,他的语言必定是善良、宽容、慈悲的。与这样的人谈话,会使人如沐春风,如饮甘露。

我们常说,"静坐常思己过,闲谈莫论人非"。就是说,对别人的言行,不要随意评论;对别人的生活,不要指手画脚;对别人的选择,不要随意干涉。要常怀克己之心,做到心中有尺、处事有度、口中有德。

王阳明写过这样一首诗："人人自有定盘针，万化根源总在心。却笑从前颠倒见，枝枝叶叶外头寻。"他认为，处理万事万物的关系，根源在于人的内心。世间万物的变化，与人交往，官场兵事，都会随着心境的改变而改变。只要我心静如山，世间一切便会豁然开朗。

明武宗正德元年（1506年）冬，宦官刘瑾专权。王阳明得罪了他，被打了四十大板后，从兵部主事直接降到驿丞，然后被打发到贵州龙场。

"龙场在贵州西北万山丛棘中，蛇虺魍魉，蛊毒瘴疠……"这个地方自然环境非常恶劣。而且在路上，王阳明还经历了被刘瑾派人追杀、夜宿古庙差点被老虎吃掉等事情，可以说是迎来了人生的至暗时刻。

来到这里之后，他发现当地苗僚杂居，大多是少数民族兄弟，语言也不通，沟通基本靠比划。到了这个地步，王阳明反而通透了，情况反正也不可能更坏了。他安定了下来，耕种，修炼，讲学，悟道……准备改造困厄荒蛮之龙场，建设美丽、和谐、富饶的新龙场。

在《瘗旅文》中，王阳明这样记录自己的心境："自吾去父母乡国而来此，三年矣，历瘴毒而苟能自全，以吾未尝一日之戚戚也。"

王阳明把这里当成自己的"修炼"之地。他先是在东峰发现一个叫东洞的石穴，把它叫作"阳明小洞天"，然后从草庵移居进来，成为穴居人。随后又找到另一处山洞，取名为"玩易窝"，表明这个石穴是他研究《周易》、默坐澄心、静入窈冥的修炼之所。

在这既安静又艰难的环境里，他每日静坐修心，思考人生。有一天，他顿悟了："圣人之道，吾性自足，向之求理于事物者误也。"他认为心是感应万事万物的根本，这就是历史上有名的"龙场悟道"。

从此，倡导"心即理""致良知""知行合一"的阳明心学创立。王阳明立地成圣。

经历官场毒打的王阳明，处在人生的低谷，在艰难的环境中，没有抱怨，没有愤怒，没有写诗控诉上天的不公，没有写信大骂害人的权宦……他静了下来，放下功名利禄、得失荣辱，抓住"修心"的好机会，日坐石穴，澄心静虑，感悟道理，实现了生命的升华。

对于我们普通人来说，"成圣"遥不可及，也不是我们的目标，但是把生活过得更好，工作处理得更得心应手，人际关系搞得更和谐，却是可以通过努力实现的。这就需要我们把功夫放在修心上，学会安静，学会闭嘴，学会不谈他人是非，把注意力集中到提升自己上面。

1845年，梭罗只带了一把斧头，就跑到瓦尔登湖边建了一间小木屋。他认为，如果一个人，能满足于基本生活所需，便可以更从容、更充实地享受人生。在这里，他躲开了城市的喧嚣，躲开了与其他人的交流，一个人居住了两年两个月零两天。

而后，他写出著名的《瓦尔登湖》。在书中，他这样写道：我们每一天努力地忙碌，用力地生活，却总在不知不觉间遗失了什么。有时候我们需要的只是一颗静下来的心。

《论语·宪问》写道："子贡方人。子曰：'赐也贤乎哉！夫我则不暇。'"

子贡是一个很优秀的人，甚至当时有人认为他的某些才能要超越孔子。在德行、言语、政事、文学孔门四科之中，子贡名列言语科，说明他很会说话，很有口才。

但他"方人"，孔老师就要教育他了。什么是方人呢？就是讥讽、批评他人，对他人评头论足。面对子贡这个不好的习惯，孔子说："你端木赐就是完美的人？我就没有这些闲工夫去议论别人。"越是优秀的人，越会专注自身，而不是把宝贵的精力放在评价别人和议论别人上。

《孔子家语》记载：孔子观周，入后稷之庙，右阶之前，有金人焉，三缄其口，而铭其背曰："古之慎言人也，戒之哉！无多言，多言多败；无多事，多事多害……"金人铭文对孔子的思想产生了很大的影响。他告诫弟子"讷于言而敏于行""口是何伤？祸之门也""敏于事而慎于言，就有道而正焉，可谓好学也已""吾日三省吾身"等，要弟子没事多提升自己的品格、学问，别大嘴巴乱说别人是非。

南怀瑾说：你怎样对待别人，别人也会怎样对待你，不要总是怨天尤人，不要总是挑别人的毛病，看别人不顺眼，不要总想去改变别人，先调整好自己的心态，修好自己的心，一切境都会随心转。语言就像扔出去的弹力球，搞不好就会撞到墙上弹回来。所以在评论别人的时候，你不妨试着用一下南怀瑾先生修身养性的"六字诀"——静，缓，忍，让，淡，平。

心静方能生慧，不言是非才能得到内心安宁。只有让生命回归宁静，才能笑看云卷云舒。人生的真谛就是这么简单，静下心来，修炼自己，这样才能倾听到自己内心的声音，找到心灵的归宿，从而让世间的迷障和痛苦远离我们。

## 嫉妒生恶念，恶念生谗言

嫉妒是一种正常的情绪，人皆有之。《三国演义》中，周瑜临终前不念叨老婆、孩子，不为主公献上最后一计，而是念念不忘诸葛亮。那句"既生瑜，何生亮"，可谓把他对诸葛亮的嫉妒表现得淋漓尽致。

嫉妒心不完全是坏事，它也有积极作用。当我们把这种情绪当作一种动力，它可以让我们更加努力，使我们变成更优秀的自己。但如果我们不能很好地控制这种情绪，它就会变成一把火，烧得我们失去理智。

## 修口

有些人，没因嫉妒生出上进心，反而产生恶念，通过搬弄是非进谗言的方式攻击他们嫉妒的对象。这种人最让人不齿。

孟子晚年，回到邹鲁。当时鲁国的国君是鲁平公，他一直很想见一下孟子。

鲁平公身边有一个得宠的近臣，叫臧仓。此人嫉妒心强，见不得别人好，经常在国君面前说人坏话。

这天，鲁平公准备出门去见孟子，臧仓就问他目的地是哪里。

鲁平公告诉他："我要去见孟子。"

臧仓一听，嫉妒心发作，心想跟孟子一比，他就是个废物。不行，不能让鲁平公见到孟子。于是说道："有这个必要吗？您贵为一国之君，怎么可以亲自去看一个老百姓呢？还是说您认为他是个贤人？"

一看鲁平公表现出倾听的样子，臧仓继续给孟子上眼药："为人处世，合乎礼仪才是贤人。但是他母亲去世的时候，办理的丧礼远比之前给父亲的隆重。他对父母的丧礼都厚此薄彼，能做出这样不符合礼制的事来，能算贤者吗？这种人，还值得您亲自去看他吗？"

鲁平公听了之后心里想：没想到孟子是这样的人，亏我还以为他是个贤者呢。于是对臧仓说："这样啊，那算了吧，我不去了。"

孟子有一个弟子名叫乐正子，是孟子弟子中唯一的官员。他知道了这件事后，就进宫去见鲁平公，问道："您为什么不去见孟子呢？"

鲁平公说："有人告诉我孟子为双亲办丧事，母亲的规格超过了父亲。这不合礼仪，所以就不去见他了。"乐正子说："您说的母丧规格超过父丧，是指父丧以士之礼、母丧以大夫之礼，父丧用三只鼎、母丧用五只鼎祭祀的区别吗？"

鲁平公说："不是，我说的是棺椁衣衾的精美程度不一样。"乐正子说：

"这不是孟子对父母丧事厚此薄彼,而是两次丧事孟子的经济状况不一样了。他以前很穷,现在不同了啊!"

乐正子回去后,就对老师孟子说:"国君本来是要来见您的,可臧仓那个小人嫉妒您的才华,怕您得到重用,就向国君进了谗言,所以国君不来了。"

后来,人们便把进谗害贤的人称为"臧仓小人",臧仓算是"遗臭万年"了。东汉哲学家王充说:"谗言伤善,青蝇污白。"随着妒火说出的谗言,会使个人的品格变得卑劣,不但害人,而且害己,最终会"众叛亲离",身败名裂。

嫉妒常常是因为人们追求利益或虚荣,又跟别人对比,从而导致自己心理上产生不平衡。比如,当看到同事升职加薪,而自己还在原地踏步,或者邻居换了一辆好车,自己还骑着二手电动车……总之,看到别人的财富、地位、能力或者容貌比自己强,就可能产生嫉妒心理。

嫉妒到情绪失控,便容易让人产生恶念,从而说出挑拨离间、造谣中伤的话,去伤害别人。历史上这样的例子比比皆是。比如李斯和韩非的故事,李斯因为嫉妒韩非比自己更有才能,便向秦王进谗,将韩非关进大牢,最终,韩非死于牢中。还有庞涓和孙膑的故事,庞涓因为嫉妒孙膑的军事才能,陷害孙膑,把他弄成残废,逼得孙膑只能装疯卖傻。当然,这两人最后也没落得好下场,一个被腰斩,一个被孙膑设计杀死。

你的人缘再好,品格再高,也难以让每个人称心如意,被小人嫉妒在所难免。

有首《听谗诗》这样描述谗言的危害:"谗言谨莫听,听之祸殃结;君听臣当诛,父听子当决;夫妻听之离,兄弟听之别;朋友听之疏,骨肉听之绝;堂堂八尺躯,莫听三寸舌;舌上有龙泉,杀人不见血。"谗言总是藏在背后出口,明枪易躲、暗箭难防,很多时候人们被谗言中伤连辩白的机会都没有,因此人人憎恶谗言。

谗言是嫉妒的种子结出的恶果,即使进谗言的人一时得逞,但纸里包不住火,总有真相大白的一天。到了那时,进谗言的人又该如何自处?最后的结局必将是损人不利己。

## 良心不正,才喜搬弄是非

"人之初,性本善。性相近,习相远。"在中国传统启蒙教材《三字经》中,这句话是开篇之语。它的意思浅显易懂,人生下来的时候本质都是好的,每个人都是一张白纸,不知害人,皆为善。只是由于成长过程中后天的生活和学习环境不一样,他们的性情就有了差别。

人类这种天生的善良心性,就是良心。《孟子·告子上》说:"恻隐之心,人皆有之;羞恶之心,人皆有之;恭敬之心,人皆有之;是非之心,人

皆有之。恻隐之心，仁也；羞恶之心，义也；恭敬之心，礼也；是非之心，智也。仁义礼智，非由外铄我也，我固有之也。"由此我们可以认为恻隐之心、羞恶之心、恭敬之心、是非之心都属于良心的范畴。

良心是一种自我约束，即使在没有外界监管的时候，它也像一把看不见的戒尺，悬在我们的头上，衡量着我们做人有没有违背内心的原则。

良心不正的人，做事说话就会逐渐偏离善良的本性。

中国古代历史上从事自然科学的有一位比较著名的人物，就是北宋科学家、《梦溪笔谈》的作者沈括。

沈括个人才华和能力非常突出，可以说是个全才，涉猎的学科既宽且深。《宋史》这样评价他："博学善文，于天文、方志、律历、音乐、医药、卜算，无所不通，皆有所论著。"按说这么一个学术大拿，生前死后得非常有名，受人尊敬，然而事实恰恰相反。

我们来看他跟两个人的交往故事。一个是王安石，沈括和王安石本来是世交，沈括父亲的墓志铭就是王安石写的。王安石当宰相时，沈括是他实施变法的忠实支持者。

然而，沈括对王安石的支持不过是因为王安石位高权重罢了，谁当大官他就支持谁，毫无原则。因此，当王安石变法失败，宰相之位被罢免之后，沈括对他的态度来了个一百八十度的大转弯。

沈括写了一封万言书向新任宰相吴充表忠心，从政治以及自然科学等角度，三百六十度无死角地论证了王安石新法的谬误。王安石任宰相时是他的领导兼朋友，被罢相后就变成了被出卖和踩踏的垫脚石。

对于沈括的落井下石，王安石非常气愤，从此都不叫他的名字，而是叫他"壬人"，就是见风使舵的奸佞之徒，俗称小人，良心不正的卑鄙小人。

## 第四章 戒谗言

然而，王安石并不孤独，另一位历史上的大人物苏轼也是受害者。

苏轼被贬到杭州做官的时候，沈括专程跑来看他，对他嘘寒问暖，抄录他的新作品。苏轼正值人生低谷，沈括对他的情谊让他非常感动，两人相谈甚欢。

这边苏轼还没感慨完"还是沈括够朋友，看到我被贬官了大老远来看我"，那边沈括已经铺开笔墨纸砚，整理好哥们的黑料了。

他把苏轼的一些诗句详细地加以"注释"，说这些诗句如何居心叵测、讽刺皇上等。比如，苏轼歌咏桧树的两句诗："根到九泉无曲处，世间唯有蛰龙知。"沈括就解释说："皇帝如飞龙在天，苏轼却要向九泉之下寻蛰龙，这是诅咒皇帝下去呢，不臣之心莫过于此！"

就这样，他整理了厚厚一沓极尽扭曲事实的苏轼的黑料，交给了朝廷。

不久，苏轼因在诗文中"愚弄朝廷""无君臣之义"锒铛入狱，这就是历史上著名的"乌台诗案"。此案牵连了苏轼数十位亲友，涉及他一百多首诗词，苏轼差点死在牢里。

沈括落井下石，背后算计朋友，让朋友倒霉。这样的卑鄙小人，自然是得不到尊重的。沈括死后没人为他立碑写墓志铭，就连他的生平记载也仅仅附在侄子沈遘的传记之中。他为什么这么不受人待见呢？就因为他是一个良心不正、人格卑劣的小人。

昧着良心说话，搬弄是非、见不得人好的人，也许可以得到一时的利益，但终究会失去朋友，没有人再愿意与之交往。

守心克己，方能成己。孟子曰："人有不为也，而后可以有为。"有所坚守，才能有所得。守住自己的良心，闭上搬弄是非的嘴巴，才能成就更好的自己。

唐太宗李世民勇武善射，他从年轻时就喜欢好弓，自以为能识天下良弓。贞观年间，已经成为皇帝的李世民在某一天得到了十几把好弓，他非常得意地请制作弓箭的师傅欣赏，分享他的喜悦。

师傅一一拿起弓仔细观察，最后却失望地摇了摇头，说这些弓都不好。唐太宗不理解，说这些弓的材料扎实耐用，制作精美，造型也好看，哪里不好了。师傅回答道："木心不正，则脉理皆邪，弓虽刚劲而遣箭不直，非良弓也。"意思是，木纹的心都不在正中，这样的弓虽然刚劲有力，但射出去的箭却不直，所以不是好弓。

《尚书·立政》记载："文王惟克厥宅心。"周文王十分重视通过考核官员的心地来选贤用能。从古至今，选拔人才都很重视人的心性操守。普通人之间的交往，也很看重个人的品行。

做人做事要"正心"。一个人如果良心不正，即使有才华和能力，也会造成更大的恶果。良心是做人的底线、处世的原则。心正则身正，身正则影直；心若不正，说话做事就会走入歧途。

康德有一句名言：有两种东西，我对它们的思考越是深沉和持久，他们在我心中唤起的惊奇和敬畏就越日新月异，不断增长，这就是我头上的星空和心中的道德定律。每个人都要遵守内心的道德法则，堂堂正正做人做事，用良心之尺规范自己的行动和语言。

# 第五章 戒漏言

——喜传语者,不可与语

# 人生之害，多源于口无遮拦

生活中，有些人说话时常常使用这样的开场白："我这人说话直，你别介意。"然后就不管双方关系如何，对方情绪怎样，开始不管不顾地说。这种人什么都敢讲，谁都敢评论，说话口无遮拦，无知无畏。

性格直爽并不是口无遮拦的挡箭牌。成熟的人能够控制自己的表达欲，懂得选择说话的内容，能够掌握交流的尺度。无论是因为单纯无知、胸无城府，还是骄傲自负、故意显摆，口无遮拦都是一种越界行为，是一种对自己和谈话对象的不负责任。

《三国演义》里讲过杨修的故事。杨修很聪明，智商极高，常常一眼看破曹操的心思。

曹操仇人太多，被害妄想症发作，怕有人趁他睡觉取他性命，就故意告诉大家："我这人有个毛病，就是梦游，而且梦里非常勇猛，喜欢杀人。所以你们注意点，我睡觉的时候可千万不要靠近。万一被我在梦里杀了，你们亏不亏？"

有一天曹操故意假装睡着了，然后把被子踢到地上。旁边的侍卫怕他冻感冒了，就捡起被子给他盖上。侍卫正给曹操掖被角，就被他一刀捅死。然后，曹操假装还在梦里，继续睡觉。

等他起来，他假装吃惊地问："是谁杀了我的侍卫？"听大家说就是他自己，曹操大哭一场，命人厚葬了侍卫。大家都说原来丞相真的是在梦中杀人，以后他睡着了都离得远点，只有杨修在侍卫下葬的时候对着坟头说："不是丞相在梦中，而是你在梦中呀！"暗示自己看穿了曹操的表演。曹操听到后十分厌恶。

后来，曹操攻打马超，结果打不下来，想收兵回去，又怕被蜀兵耻笑丢了面子，心中犹豫不决。正好厨师端上来一盆鸡汤，让他增加点营养。曹操低头看到汤里的鸡肋，觉得这玩意儿跟自己现在的处境差不多。正好夏侯惇进来问他口令，曹操张嘴就说："鸡肋！鸡肋！"

杨修作为行军主簿，听到口令是"鸡肋"，就招呼大家收拾行李，准备撤兵。有人报告给夏侯惇，夏侯惇就问杨修为什么收拾行装。

杨修说："鸡肋这个部位，吃起来没肉，丢了又可惜。现在继续打很难胜，退兵又让人耻笑，待在这里没有什么益处，还不如早点回去呢。从今夜的口令来看，魏王必然要班师还朝，所以提前收拾一下行装，免得临走时慌乱。"

夏侯惇一听，有道理，就说："还是你最懂他啊！"然后也收拾行装准备打道回府。于是，军营中的诸位将领，有样学样，都收拾起行李来。

当天晚上，曹操烦得睡不着，就提着斧子绕着军营溜达，结果看到夏侯惇营内的士兵都在打包行装。曹操一看，大吃一惊，怎么都这么有组织无纪律，就召来夏侯惇问他怎么回事。

夏侯惇回答："主簿杨德祖告诉我的，他已经知道您要班师回朝的意思了。"曹操就把杨修叫过去，杨修就用鸡肋的含义解释了原因。曹操一听这人把自己的心思都说出来了，再回想以前的事情，他每次都能看穿自己的心思，还口无遮拦说出来，于是下决心除掉他。

曹操大怒道："你怎么敢乱造谣言，乱我军心！"然后叫刀斧手把杨修推出去斩了，并把他的头颅挂于辕门之外。杨修死时才三十四岁。

杨修确实聪明，处处洞察曹操心思，但是却不懂得"祸从口出"的道理。为了显示自己，他常常把曹操的内心独白宣之于众，这是"职场"和"官场"的大忌。曹操本就多疑，能够容忍他一两次，但耐心终究是有限的，最后在"鸡肋"事件中，对他的厌恶爆发，终于要了他的性命。

明代李贽点评《三国演义》时，曾说："凡有聪明而好露者，皆足以杀其身也。"虽然有人脑子聪明，却不懂得藏拙，不控制自己的表现欲，口无遮拦，这样的聪明反而成为催命符，为自己招来祸患。

东晋年间，黄门侍郎王徽之、王操之、王献之兄弟三人一同去拜访谢安。三兄弟中，王献之最小。王徽之和王操之大多说些日常事情，王献之不过寒暄几句罢了。三人走了以后，在座的客人问谢安："刚才那三位贤士谁更好？"谢安说："小的最好。"客人问道："你是怎么知道的呢？"谢安说："贤明的人话少，急躁的人话多，是从这两句话推断出来的。"

《易经》说：吉人之辞寡，躁人之辞多。意思为有吉德高尚之人，自知为善不足，非不得已不讲话；躁兢之人，急于自售，牢骚满腹，故其辞多。我们可以理解为，优秀的人从不夸夸其谈，心性不稳的人口无遮拦。孔子也说过：巧言令色，鲜仁矣。这也是类似的道理，真正的聪明人，都是心中有谱、嘴上有数的人。

人生之害，多源于口无遮拦。所谓"三寸舌，害六尺身"，一个人的语言在某种程度上可以决定他的人生际遇。是招致灾祸还是结下福缘，在于三寸之舌如何表达，所以一定要慎言。如果说话不加思考，或者不顾场合对象，完全由着自己的性子信口开河，说出不计后果的话，就容易遭人厌恶，甚至引来祸端。

# 一张"大嘴巴",尽毁好前程

生活中有些人嘴上没有把门的,一张"大嘴巴"不计后果,不考虑别人的感受,常常无意中得罪了人还不自知。这样的人如果在职场或者官场上很容易遭到报复,也很难得到领导的赏识。

孔子读了嘴被封三层的金人背后的铭文后,跟弟子说:"小人识之,此言实而中,情而信。诗曰:'战战兢兢,如临深渊,如履薄冰。'行身如此,岂以口过患哉?"意思是,立身行事小心谨慎,心里始终绷着一根弦,哪

## 第五章 | 戒漏言

里还会因为言语惹祸呢?

隆庆六年（1572年），皇帝朱载垕突然中风。朱载垕知道自己活不了多长时间，于是把高拱、张居正及高仪叫到床前，拉着10岁的太子朱翊钧的手，向三位大臣托孤。

朱翊钧原先有两个哥哥，但都夭折了。他的亲生母亲是李贵妃，陈皇后没有后人，就把朱翊钧当作亲生儿子看待。

三位顾命大臣中，朱载垕跟高拱的关系最亲近。高拱是他的老师，当年他还是裕王时，高拱就像父亲一样保护他。朱载垕登基后，给了高拱最大程度的信任，把朝中大小事都托付给他。高拱也不辱使命，尽心尽力地辅佐朱载垕，从而开创了隆庆新政的大好局面。

对高拱来说，朱载垕病重不起，他很难过。特别是当朱载垕握着高拱的手嘱托他"以天下累先生"时，高拱的悲伤逆流成河。

隆庆皇帝死后，皇太子朱翊钧继位，年号万历。陈太后和李太后以遗诏命冯保为司礼监掌印太监，与内阁共同辅政。

此时内阁里面权力最大的是高拱，然后是张居正。性格火暴的高拱一向看不上冯保，他对张居正说，现在的太监权力太大了，要限制一下才行，但是张居正却刻意结交冯保，高拱对此一无所知。

一次，高拱的奏折被冯保借皇帝的名义批复，高拱随口对高仪和张居正说："十岁天子，如何治天下？"然后安排言官抨击冯保宦官干政，说他有"四逆六罪""三大奸"。

冯保一看这架势差点吓得尿裤子。这些罪名搞不好可是要杀头的，于是赶紧向自己背后的高人张居正求教。张居正把高拱之前说的话做了微调："十岁孩童，如何做天子？"让冯保传话给宫里的皇帝和两位"皇太后"。

冯保回去一说，万历皇帝和两位"皇太后"立马慌了。他们如惊弓之鸟，害怕被废掉，也不敢给高拱解释的机会，于是决定先下手为强。

安排妥当后，万历皇帝召集了内阁、五府及六部大臣，当面宣布高拱"专权擅政"，下旨让他"回籍闲住，不准停留"。高拱当场瘫倒在地，随后被遣送回了河南老家，从此淡出朝堂。

手里握着一把好牌的高拱输得很惨。一是源于策略，对大太监冯保，高拱采用的是打压的方式，反观张居正，手段就柔和得多，他把冯保发展成盟友。作为皇帝、太后身边的人，冯保虽然"成事不足"，但却"败事有余"。人们常说"宁愿得罪君子，不要得罪小人"就是这个原因。二是输在嘴巴上。不知是对自己的政治影响力过于自信，还是对官场生态没有警惕性，他随口乱说，贪图嘴上痛快。即使真的要做点什么，也没必要跟同事"大嘴巴"，不仅暴露了自己的意图，还给对方送上了把柄，结果遇上一个不讲武德的张居正，把自己给卖了。

语言是一个人内心世界的外在表现和反映。人们不会读心术，只能通过你的行为和语言去认识与了解你。其中，语言的比例是非常高的，很多人的前途黯然无光甚至给自己招来灾祸，都是因为长了一张"大嘴巴"。

北周金州刺史贺若敦（复姓贺若），因为口出怨言，被北周晋王宇文护逼令自杀。临死前，他嘱咐儿子贺若弼："我本想平定江南，现在看来是做不到了，你要继承我的遗志。我因为管不住自己的舌头，胡乱说话招致杀身之祸，你一定要引以为戒，不要重蹈为父的覆辙啊！"为了加深儿子对最后一课的印象，他还用锥子把贺若弼的舌头刺出血，告诫他慎言。

父亲的死和那一锥子的痛让贺若弼收敛了很多。武帝时，太子德行不端，大臣乌丸轨对贺若弼说，太子一定不能担当大任，贺若弼表示自己的看法跟他一样。随后，乌丸轨就跑去把这话跟武帝说了，并且告诉武帝，自己曾和贺若弼讨论过此事。

武帝召见贺若弼询问此事。贺若弼突然觉得舌头隐隐作痛，于是想起父亲的临终遗言，就跟武帝说："太子的品德、学问每天都在进步，我没发现什么缺点。"

乌丸轨指责他出尔反尔，贺若弼却说："君不密则失臣，臣不密则失身。"太子继位后，因怀恨乌丸轨之前在父亲面前打小报告，将其诛杀。贺若弼则因为关键时刻管住了嘴巴而逃过一劫。

杨坚建立隋朝之后，贺若弼因为军事上的才干，被当时的尚书左仆射高颎推荐发动平陈之战。贺若弼灭陈有功，被隋文帝封为上柱国，并赐爵宋国公。

结果贺若弼开始飘了，常常背后说高颎和杨素是酒囊饭袋。这话被隋文帝听到，责问贺若弼，贺若弼却说："我没说错，高颎是我的老朋友，杨素是我的得力助手，我还不了解他俩吗？"大臣们觉得贺若弼是对皇帝有怨言，就上奏要判他死刑。隋文帝念在他的功劳，还是放了他一马。

贺若弼却没有收敛，还在太子杨广面前贬低同僚。这让他不仅得罪了大臣，还引起了杨广的戒心。

后来，贺若弼随隋炀帝杨广北巡至榆林的时候，杨广让人建了一个非常大的帐篷，用来接待突厥启民可汗及其部众。本来这事跟贺若弼没有一点关系，贺若弼却张开大嘴评头论足。后被人告发，隋炀帝以诽谤罪处死了他。

64岁的贺若弼还是走上了父亲的老路。

真是知子莫若父，有其父必有其子。贺若弼终究没能改掉与他父亲一样"大嘴巴"的毛病，再次上演了"祸从口出"的悲剧。一个人如果太过随性，想到什么就说什么，早晚会言多必失，为自己埋下祸根。

曾国藩年轻的时候吃过"大嘴巴"的亏，此后一生都在"戒多言"。他经常在日记中反思:"每日言语之失,真是鬼蜮情状!""言多谐谑,又不出自心中之诚。"还经常反问自己:"何时能拔此根株?"

曾国藩不仅要求自己少说话,还把"戒多言"当成家训中的一条重要内容,对家人反复强调。比如咸丰八年(1858年),曾国藩给曾国荃的信中就告诫他说:"古来言凶德致败者约两端:曰长傲,曰多言。丹朱之不肖,曰傲曰嚚讼,即多言也。历观名公巨卿,多以此二端败家丧生。"

"戒多言"并非让人一味地少说话甚至不说话,而是要自我控制,管住自己的"大嘴巴",不要随意说话、传话,以免祸从口出、乱从口出。

## 不要拿别人的隐私当话题

心理学研究告诉我们,作为人类,我们天生有八卦的冲动,这种冲动是烙印在我们基因中的。据说在原始社会,生存环境恶劣,"八卦"能够帮助人们获得同伴和敌人的信息,从而更好地对抗未知风险,获取资源。

不过在现代社会,人们喜欢打听和传播的所谓八卦,往往是别人不愿意公之于众的隐私。这些隐私之事,对当事人来说,是伤痛和不快,或者是难以启齿的秘密,这类事情当然是知道的人越少越好。拿着别人的隐私当话题，是一种不道德的行为。

亚里士多德说：谈论别人隐私是最大的罪恶。在谈话中，涉及别人不好的事情，比如别人不幸福的婚姻状况、工作或事业上的失败、糟糕的情感生活、心理或者生理的缺陷等，都是禁忌，这些事情一定不要从我们口中说出。

南朝梁有一位叫到溉的人，少年时是个孤儿，和哥哥到沼、弟弟到洽都很出名，他们的曾祖叫到彦之。到彦之年轻的时候家境贫寒，为了挣钱曾经做给人挑粪的工作。那时候是门阀政治，在官场上出身低微的人会被看不起，因此到溉祖上这些事情，他很不愿意被人提起。

到溉此人身高八尺，浓眉大眼像是化过妆一样，脸色白净，颌下一把美髯，举止风度翩翩，待人接物有礼，语言应对得体，很得皇帝欣赏，不仅动不动就升职加薪，皇帝还常常找他下棋，通宵对弈。到溉熬夜不行，武帝也不生气，还开玩笑说他睡着的样子："状若丧家狗，又似悬风槌。"

萧绎做会稽太守时，武帝派到溉担任轻车长史、行府郡事。为了让萧绎重视，武帝诏令他："到溉不只是为你办事，而且足可以做你的老师。"

到溉担任吏部尚书时，有个叫何敬容的依据诏令参加贤士选拔，行事不够公正。到溉跟他意见不合，两人动不动就起争执。当时何敬容很受皇帝宠爱，人人都巴结他，到溉却从不惯着他。

何敬容对别人说："到溉这家伙出身挑粪世家，身上还带着臭味呢，就学会在我面前摆贵人的臭架子了。"到溉听何敬容这样评论自己的出身，非常恨他，从此处处跟他作对。

何敬容位高权重，到溉倒是没能把他怎么着，但另一个叫刘孝绰的就没这么好的运气了。刘孝绰是到溉的同乡，跟到溉的弟弟到洽还是好朋友，但他也是个嘴上没有把门的。一次，到洽问刘孝绰："我想把东邻家的地买下来,扩大我家的宅基地,但是出了大价钱,东邻家主还是不愿意,我该怎么办呢?"

刘孝绰也是嘴贱,他这样回答:"这事别人不好办,你们家还不好办吗?只要多装几车粪堆在他家旁边,叫他整天闻味,他就得搬了。"

一听刘孝绰又拿自己祖上挑粪出身的事情埋汰人,到洽内心非常气愤,就想找机会报复他。

当刘孝绰任廷尉正的时候,机会终于来了。上任的时候,刘孝绰把母亲留在私宅,带着妾去了。这种做法在当时是违背孝道的。此时到洽正好担任御史中丞,马上派遣令史向朝廷弹劾刘孝绰:"携少妹于华省,弃老母于下宅。"就这样,刘孝绰丢了官。

把别人不愿意公之于众的事情拿出来说,不论是当面还是背后,都是得罪人的事情。更何况把别人的隐私当成攻击对方的手段,冷嘲热讽,伤人尊严,别人一定会敬而远之或者找机会报复。

《弟子规》有言:"人有短,切莫揭;人有私,切莫说。"就是说,别人有缺点,不要去揭穿,对于他人的隐私,切忌去张扬。要想别人尊重自己,首先要学会尊重别人,老是拿别人的隐私当话题,是对人的不尊重。

小邵跟小章是一家公司的同事,两人一起工作三年多了,平时相处起来还不错。午饭后,两人常常一起去楼下小公园散步,聊聊自家养娃的经验。

最近一段时间,小邵见小章老是闷闷不乐,就询问小章是不是家里出了什么事情。在她再三追问之下,小章才说出来原因。原来是孩子最近生病,正是家里需要钱的时候,老公却炒股亏了好多,连孩子治病的钱都拿不出来了。

小邵赶忙安慰。小章叮嘱她,这点事情千万别跟别人说,小邵满口答应。

谁知道，没过几天，身边的几个同事，甚至是领导，都转弯抹角地问小章家里的事情。小章这才知道，小邵把自己的事情当作谈资，跟别的同事说了。

小章非常气愤，质问小邵："你不是说要帮我保密的吗？怎么这么多人知道了啊！"

小邵却一脸无辜："大家是关心你，我也是无意中说出去的，不过也没什么大不了的，大家知道了还能帮你出个主意呢！"

从那以后，小章再也不搭理小邵，工作上两个人也非常别扭。直到领导看出问题，分别找两人谈话，虽然表面上看小章原谅了小邵，但明眼人都看得出来，小章再也不信任小邵了。

而且，其他同事跟小邵说话也都很小心，生怕哪一天自己的秘密也成了她的谈资。

有些人知道了别人的秘密后，就像发现了新大陆一样，把它当成"独家消息"，恨不得宣扬得全世界都知道。在这个过程中，他享受着别人好奇的眼神，仿佛获得了不起的成就。更有甚者，拿着别人的隐私当话题，却从来没有考虑过当事人的感受，伤害了人际关系的同时，还觉得是对方大惊小怪，没什么大不了的。实际上，这已经给别人造成了严重的伤害，而且这种伤害难以修复。

语言就像泼出去的水，说出去就收不回来了。揭人短处、说人隐私是一种没有修养的行为，也容易伤害双方的和气。因此，说话之前，我们先要自查一番，哪些话可以说，哪些话不适合说，有关别人隐私的话题，就不要参与了。

为人处世，我们一定要管好自己的嘴巴。

# 守得住秘密，才能争得到利益

在人际交往中，不论一个人的社会地位高低，有没有口才，但只要"嘴严"，能够保守秘密，就会给人以安全感。这样的人，别人愿意主动跟你分享，不用担心你"泄密"。一个得到别人信任的人，自然是人际关系融洽、生活事业顺利的人。

## 修口

在职场中,保密是一个人很重要的职业操守。

美国总统富兰克林·德拉诺·罗斯福在就任总统之前,曾在海军部担任要职。某次,他的一位好朋友向他打听海军在加勒比海一个小岛上建立潜艇基地的计划。这种军事机密当然不能随便泄露,不过罗斯福也不愿意直接拒绝,让朋友难堪。

于是,罗斯福故作神秘地环顾四周,凑近对方压低了声音,问道:"你能保密吗?"

对方赶紧把耳朵凑过来,准备接受秘密,嘴上答应着:"当然能,我的嘴巴是用不锈钢焊死的!"

没想到罗斯福微笑着说道:"那么,我也能。"

对有机会了解别人或者单位、领导秘密的人,嘴巴严是一项优势。如果不能保密,说了不该说的话,给对方或者组织造成损失,那么将直接影响自己的前途和利益。反之,如果能够保守秘密,必然得到领导或他人的赏识,于人于己都有好处。

《汉书·孔光传》记载,孔子的十四世孙、太师孔霸之子——孔光是西汉后期大臣。他很有保密意识,从来不跟别人透露与皇帝的谈话内容。即使休假回家,与兄弟、妻儿聊家常的时候,他也从不提及"朝省政事"。

一次,家里有人听说宫中建了一个温室,里面种植了很多名贵的花木,就问孔光长乐宫温室殿前种的是什么树。按说这个问题不算什么机密,但孔光却笑着转移了话题——"今天天气不错,风和日丽的",完全不透露宫里的一点事情。

孔光说话如此谨慎,自然深得皇帝器重。

从那以后,"不言温树"就被用来形容为官者严守规矩、谨言慎行。明代宋濂特意将自己的居室命名为"温树",如果有人跟他谈及涉密的事,他就伸手指指门上悬挂的"温树"二字,表示这个话题"不可说"。

汉宣帝刘询的经历比较坎坷,刚出生就全家罹难,他先被关在监狱里,后来又颠沛流离受了很多苦,被立为帝后,又在权臣的打压下喘不过气来。不过他隐忍多年,终于打垮了敌人。这些经历让他的警惕性和疑心病很重,大臣在他手下经常有性命之忧。

有位叫张安世的大臣曾经让兄长张贺不要跟刘询走得太近。那时候刘询还没有掌权,但是内心却对张安世很不满。等到刘询掌握局势,他故作大方地让张安世掌握兵权,还赦免了张安世与霍氏联姻的孙女张敬,但张安世却没有大意,特别低调、谨慎。

张安世谨慎到什么程度呢?《汉书·张安世传》记载,"安世浸恐。职典枢机,以谨慎周密自著,外内无间。每定大政,已决,辄移病出"。

也就是说,每当张安世参与商量国家大事,形成一些决议、定论的时候,他就请个病假把自己关在家里,大门不出,二门不迈,其他大臣谁来了也不接待。别人"莫知其与议",谁也别想从他嘴里听到点内部消息。

看到张安世嘴巴这么严,做事这么谨小慎微,刘询也没再找他麻烦。

右曹中郎将赵卬是西汉名将赵充国的儿子。赵充国戎马一生,70多岁时还亲自率兵平定西羌,而且曾因为拥立刘询获封营平侯,劳苦功高。

但他的儿子赵卬却说话不谨慎,跟辛武贤透露刘询想杀张安世。后来,辛武贤因为赵充国从战场上被打发回来,内心怨恨赵充国,就抓住他儿子的把柄报复,上书状告赵卬泄密。

后来,赵卬被刘询找了个借口抓起来,被迫在狱中自杀。

《易经》有句爻辞说:"不出户庭,无咎。"意思是不出家门,就不会有灾害。孔子这样评价:"乱之所生也,则言语以为阶。君不密则失臣,臣不密则失身,机事不密则害成。是以君子慎密而不出也。"什么意思呢?就是说,之所以总有乱象发生,其根源往往在于言语。君主说话不缜密就会失信于臣子,臣子说话不缜密则灾殃及身,重要的事情不缜密就会造成祸害。所以,处事说话缜密,不乱说话才是君子。

元代著名思想家许衡深得元世祖忽必烈的信任和重用,经常被召去商议机密国事。身为"天子近臣",不少人接近许衡,想从他口中得知一些忽必烈的想法和态度,从而在奏对的时候有所准备,但许衡却从不泄露。

明太祖朱元璋在位时,御用监杜安道在皇帝身边数十年,几乎知道他所有的机密,但从没有对外透漏过一句,朱元璋终身对他信任有加。这些懂得保守秘密的人,都能保全自身,并不断进步,获得赏识和利益。

人们内心都有分享的欲望,特别是秘密的事情,放在心里时间长了,压力也会变大,有一种不吐不快的冲动。这个时候就要看你有没有自制力,有没有原则,能不能做到不该说的坚决不说。如果你战胜了自己的分享欲,就可以成为守得住秘密的人。

一个能保守秘密的人,人们会把更多的信息甚至秘密讲给他听,他也将会收获更多的朋友和利益。

## 守口如瓶，是成年人的社交修养

小马在工作中遇到了一些不开心的事情，压抑了很久，终于决定跟一位很信赖的同事说一说。说完之后，他的内心舒服多了，并且告诉同事不要让第三个人知道。同事连连点头。

结果某天，小马突然被一位不太熟悉的同事问起这些事情，他心里咯噔一下，然后发现自己的事情已经成为众人皆知的"秘密"。小马跑去质问同事，他却委屈地说："我不是有意的，我只告诉了张三，他嘴巴最严了，他跟我发过誓告诉别人就是狗。你等着，我去跟他要个说法！"

看到别人投来或关心或看戏的眼光和意味深长的笑，小马也不知道该怪谁。

海明威说："我们花了两年学会说话，却要花上六十年来学会闭嘴。"

成年人的世界里，为别人保守秘密既是一种善良，也是一种品德。如果你想做个有社交修养的人，请你做到守口如瓶。

武则天当政的时候，曾下令禁止杀生，结果有一段时间，大家都吃不上肉食，一个个天天菜团子、大萝卜，或者大葱、黄瓜蘸酱，肚子里没点油水，看到牛羊馋得直吧唧嘴。但是大家都害怕武则天，知道违反禁令真的会被治罪，也就只能忍着。

当时朝中有个谏官叫张德，老婆给他生了个儿子，这可把他高兴坏了，于是邀请同僚们一起庆祝，并且给了大家一个惊喜，偷偷宰了一只羊。

大家都知道，私宰牛羊违反禁令，可这毕竟是人家张德的大喜事，而且盛情难却，于是饱含热泪，心照不宣地大快朵颐，没人提起禁令的事。

没想到，这群同僚里面有个小人，名叫杜肃。这家伙狼吞虎咽，吃得满嘴流油，还趁别人不注意，悄悄藏起一块肉饼。等到吃饱喝足了，杜肃回到家里，马上写了一道密折，告发张德不守臣规，违背了"禁止杀生"的命令，连同那块作为证据的肉饼一起，连夜送进宫中。

第二天朝会的时候，武则天突然询问张德："张爱卿，听说你添了个儿子？当爹了很开心，是不是？"

张德心想，没想到女皇这么关心我。他立即跪在地上，叩头谢恩。武则天又接着问了一句："羊肉味道不错吧？"

张德一听，坏了，这是问罪来了。一想到违逆女皇的下场，他吓得全身冒汗，赶紧砰砰磕头："臣有罪！臣该死！臣都快五十岁了，老婆才给生了个儿子。臣一时高兴，就偷偷宰了一只羊庆祝，还宴请了几个关系不错的同僚，他们是给臣面子才吃了点肉，他们都是无辜的。臣违反禁令，请陛下治罪。"

其他参加张德家宴的同僚也忐忑不安，一个个大气都不敢出，生怕被追究连带责任。唯有背后打小报告的杜肃暗暗得意，觉得自己的机遇来了。

没想到武则天听了张德的话后，却说："朕禁屠宰，吉凶不预。然卿自今召客，亦须择人。"意思是说："我禁止天下杀生，本意是不要滥捕乱杀，生活不要过度奢靡。婚丧嫁娶这些场合可以除外。不过张爱卿，你请客吃饭也得擦亮眼睛，不要请错人啊！"

武则天说完，就把杜肃写的"小报告"交给张德和群臣看。群臣议论纷纷："张德拿你当朋友，你却转身告密，真不是人啊！""吃人家的肉，砸人家的锅，恶心！""我怎么会跟这样的小人同朝为官？呸呸呸！"

杜肃本来以为能靠背后告发张德升职加薪，没想到大老板来了这么一手，弄得他里外不是人，在官场上人人像躲瘟疫一样躲着他。他只好灰溜溜地辞官回家了。

对于武则天脱离实际的禁令，作为"补阙"的杜肃并没有光明正大地提出来；对于同事张德违反禁令的行为，他也没有当面指出，而是在吃饱喝足之后去打小报告。再看看其他参与宴会的人，大家都心照不宣地守口如瓶，并没有把张德的"错误"作为自己晋升的垫脚石。在武则天的眼中，人品的高下一目了然。

这也说明，领导或许会利用小人，但绝不会重用小人。背后向领导传递消息，利用别人的私事或错误，踩着别人往上爬，迟早会摔下来，爬得越高，摔得越惨。别人的事情，不要乱说乱传。"宁在人前骂人，不在人后说人"，既是一种社交修养，也是一种处世智慧。

有一位女性，在一家上市公司担任中层管理，丈夫从事外贸工作。两人育有一个可爱的女儿，小日子过得幸福美满。

这位女性工作能力突出，人也长得漂亮，性格很好。因为种种优势，她在公司发展很不错，收入也比较高。但她的丈夫这两年因为种种原因，

## 修口

生意没大起色。丈夫工作压力大，情绪不好，再加上对孩子的教育理念不太一致，两人经常吵架。

结果这些事情被这位女性的一位闺蜜知道了，并告诉了女性的娘家人。本来是两口子之间的正常小矛盾，调解一下就好了，结果在"满城风雨"之下，娘家人直接气势汹汹地向她的丈夫兴师问罪。

在岳母、小舅子等人的围攻之下，这位女性的丈夫情绪发展到了极点，并迁怒到她身上，两人开始分居。闺蜜还不忘添油加醋："这样没用的男人一抓一大把，你条件这么好，还不如分了找个大老板！""看他呆头呆脑的样子，哪里是做生意的料，小心他把你的养老钱都赔进去！"

就这样，在外界的拉扯中，两口子渐行渐远，终于以离婚而告终。

如今，那位女性一个人既要上班又要带孩子，两年时间仿佛老了十岁。那位闺蜜夸她是"独立女性"，但周围的人都知道，那位女性的幸福是怎么溜走的。

人们往往会把秘密告诉自己信任的人。被人信任，其实是一份沉甸甸的责任，如果辜负了别人的信任，就会给别人带来麻烦，伤害信任你的人。所以，为了这份信任，你要做到守口如瓶。

如果只是无意中得知了别人的一些事情，那么听过也就罢了，不要让自己变成转播站，而要守口如瓶，帮对方一起守护秘密。

有时候，管住自己的嘴，也许并不容易，这也是一场修行。我们要时刻提醒自己："他人是非，不如不言；人云亦云，不如不言；言而不当，不如不言；旧事重提，不如不言；知而不行，不如不言。"

古人云：守口如瓶，防意如城，宁可人负我，切莫我负人。守住自己的嘴巴，不让言语随口而出，不泄露他人的秘密，是成熟的人必备的修养。当修炼成一个守口如瓶的人，我们将会收获越来越多的信任和朋友。

## 职场禁忌：莫在人后"嚼舌根"

朋友遇到过一个奇葩同事，那是一位已婚有俩娃的大哥。不知道是工作量太不饱和，还是家里的事情一点也不需要他操心，总之他的很大一部分注意力用在"吐槽"领导上面。这位朋友以前因为顺路坐过他的顺风车，觉得他人还不错。

没想到熟悉了之后，那位大哥天天在背后说领导的事情，从工作到生活，包括一些道听途说的猜测。朋友觉得这样不好，以后就不再坐他的车

了。没想到大哥少了个听众还挺可惜，多次邀请朋友坐他的顺风车，但朋友最后选择敬而远之。

还有一位女同事，是个年轻姑娘，可能是初入职场，说话口无遮拦，公司里从老板到扫地阿姨，都是她口中的谈资。无论是谁，她都能跟人家找到"话题"，背后谈论其他同事。结果也是惹得大家都"怕"，不愿意跟她聊天。姑娘还不自知，依然乐此不疲地跟大家"聊成一片"。

相信这种情况并不新鲜，几乎每个公司里都有一个或几个类似的人。他们自以为是"消息灵通人士"，"长处"就是散播不知道从哪里搜集来的消息。闲谈之中，职场上的内幕、同事的小秘密，都被他们的大嘴巴说了出去。

这种爱在人后"嚼舌根"的同事，理所当然会被鄙视。文艺复兴时期的画家拉斐尔说："一个聪明的人，知道如何提出正确的问题，并且仔细地聆听，慎重地答复。当无话可说时，就立刻闭上嘴巴，不再东拉西扯。"

职场上，哪怕陷入尴尬的冷场局面，也好过背后"嚼舌根"。所谓言不在多，沉默是金。

小孙是一家白酒经销企业的销售，他工作上得过且过，把"摸鱼"当聪明，业绩总是垫底，部门经理经常批评他。小孙没有从自己身上找原因，反而感觉经理故意针对他，因此经常在背后跟其他同事"编排"经理。

某次，小孙宴请客户，恰巧看到经理在同一家餐厅跟一位年轻女孩吃饭。两人有说有笑，很融洽的样子。小孙脑洞大开，自以为发现了经理的"作风问题"，想起自己遭受的"不公正待遇"，就打算好好跟大伙儿分享一下这个大新闻，好让经理威严扫地。

几天后，经理被老板叫去，询问他是不是"作风有问题"。经理一头雾水，直到老板说出有传言他跟一个女孩"关系不正常"，连扫地的阿姨都知道了。经理思来想去，才明白是怎么回事。

原来那个女孩是他的女儿，今年刚上大一，假期里做兼职。那天是女儿用自己兼职打工赚的钱请他吃饭。

末了，老板拍拍经理的肩膀，让他调查清楚是谁在背后乱说。经理询问了几个人，确定是小孙在背后乱嚼舌根，于是向老板做了汇报。老板当场决定，把小孙开除了。

嚼舌根是职场大忌。除了工作，同事的其他事情本来就与你无关。跟同事相处，聊天的内容最好不要"越界"。领导不会喜欢乱嚼舌根的员工，一是影响团结，降低团队的战斗力；二是害怕自己成为被人议论的主角。

背后嚼舌根的人，一定不是好品性的人。这种人把精力浪费在工作以外的"八卦"上，工作上很难出彩，职场上也很难有前途。同事之间，本来就是工作关系，因此，即使平时闲聊，也要尽量避开一些敏感话题。哪怕对方主动提起，你也要做到"非礼勿听"，不让自己陷入这些是非之中。

杜月笙看人有一条标准："一群人中最安静的人，往往最有实力。"朱自清曾说："你的话应该像黑夜的星星，不应该像除夕的爆竹——谁稀罕那彻宵的爆竹呢？"所以在职场上，你一定要少说多做，言希则贵。

王哥是单位里有名的厚道人，他从不挑别人迟到早退的毛病，也不眼红别人评选优秀，更不会在同事之间传话。同事之间有了矛盾，他也从不煽风点火。

有时候，大家一起去楼下抽烟聊天，放松一下，王哥多数时候是静静听着别人说，从不多话。同事们有时会说起他人的糗事，传传领导的笑话，或者说上几句对工作的不满，王哥也总是微笑着做个倾听者，最多会跟大家一起聊聊社会上的新闻，或者谈谈打球、钓鱼这类跟兴趣爱好相关的事情。

有一次，部门新来的一位同事问他："王哥，你为什么不爱跟同事聊天呢？我听别人说跟大家聊聊八卦可以拉近同事间的距离。"

王哥这样回答他："真正的尊重和信任源自你的能力和人品。有些话题虽然可以暂时活跃气氛，但搞不好还给自己埋了一颗地雷呢，我更愿意少说多做。"

在单位里，总有人像王哥一样惜字如金。他们从不轻易开口议论别人的闲事，从不参与那些没有营养的话题，从不背后嚼舌根。他们不开口则已，只要开口说话，必然言之有物，是职场中的一股清流。

不管是同事还是领导，没有人不喜欢有原则、有分寸、有边界的人。跟这样的人一起工作，让人觉得踏实安心。这种人必定能赢得同事的尊重和信任，成为团队里不可或缺的一分子，甚至成为团队里的定海神针。

宋朝的苏颂在杭州当官时，有人向他说起一些别人的私事，苏颂不愿意听。后来，此人当上谏官，因对苏颂怀恨便向上级诋毁他。有人劝苏颂上书揭发那人以前的事情作为回击，苏颂却说："我不愿意揭发他人隐私。"

人无完人，谁能没有缺点、过失呢？如果用显微镜寻找别人的错误，然后用来作为攻击他人的武器，恨不得打倒一切，让人永世不得翻身，这个社会将会陷入人人自危的境地。

以一颗宽容善良的心面对别人，心中有爱，嘴下留情，才是有德行的表现。愿我们每个人都能够专注于自己的工作和生活，不做闲言碎语的传播者，莫在人后"嚼舌根"。

# 第六章 戒多言

——万言万当,不如一默

# 先学会"听",才能知道"怎么说"

古人云:"善听者,明于道;善言者,达于心。"这句话告诉我们,如果想把话说好,说到别人的心坎里,我们首先需要学会倾听。

一个人会说话,不仅指他的言辞华丽和表达流畅,更是指他能够精准地把握对方的需求,从而用恰当的方式传达自己的意思。倾听正是获取这些信息和情感的重要途径。

然而,在快节奏的现代生活中,人们往往急于表达自己的观点,却忽

## 第六章 | 戒多言

视了倾听他人的声音。无论是在家庭、工作还是社交场合，我们都可以看到，很多人更愿意滔滔不绝地发表自己的见解，而不愿静下心来聆听他人的想法。这种做法往往会导致相互之间相处不愉快，甚至产生误解。

春秋战国时期，齐国有一位谋士，名叫苏秦。他智慧过人，口才更是无人能及。在诸侯纷争的时代，他凭借自己的才智和谋略，为齐国出谋划策，使得齐国在诸侯国中崭露头角，稳固了地位。

然而，这位才华横溢的谋士并非一开始便一帆风顺。在成名之前，有一次，齐国国君召集众臣商议国家大事，希望大家献计献策，以应对外敌的威胁。

会议伊始，国君还未表达完自己的想法和观点时，苏秦就按捺不住心中的激动，像课堂上急于抢答问题的小学生一样，急切地想要展现自己的才智，为国君分忧。

苏秦滔滔不绝地陈述自己的战略构想。他言辞犀利，条理清晰，时而慷慨激昂，时而深入浅出。单从演讲与口才的角度来说，他确实是一位优秀的人才。

然而，尽管苏秦的讲述精彩纷呈，国君的眉头却越皱越紧。他显然对苏秦的回答并不满意，而苏秦却未察觉这一点，依然沉浸在自己的世界里，自顾自地发表着看法。

就在这时，另一位谋士站了出来。他并不像苏秦那样急于表现自己，而是先向国君请教了几个问题。他细心地聆听国君的回答，等到国君讲述完自己的担忧和期望之后，他从国君的话语中捕捉到关键信息，才开始陈述自己的建议。

这位谋士的言辞不如苏秦那般华丽，却更加凸显出其朴实、真挚的情感。他提出的建议虽然简单，但更加贴近国君的实际需求。此时，国君听着他的讲述，脸上逐渐露出了笑容。

会议结束后，国君虽然没有苛责苏秦，但是苏秦意识到了自己的错误。他回想起自己在朝堂上的急切和自负，心中不禁泛起一抹惭愧之情。反思之后，他才意识到倾听的重要性，明白了真正有效的沟通并非单方面输出，而是双向交流。通过倾听，才能理解对方的真实需求，从而做出恰当的回应。

自那以后，苏秦开始改变自己的沟通方式。他学会了与人交流时先静下心来倾听对方的想法和需求，然后再根据这些信息来制定策略。他不再急于表现自己，而是更加注重理解他人的感受和需求。

正是因为这一转变，苏秦的谋略和口才得以更好发挥。他不再是一个单纯的谋士，而成为齐国真正的核心人物。他的建议和策略往往能够直指问题的核心，为齐国的发展指明了方向。最终，他凭借自己的才智和努力，为齐国赢得了无数的胜利和荣耀。

这个故事生动地反映了倾听的重要性。无论是职场还是生活中，我们应该注重倾听的艺术，通过倾听来建立和谐的人际关系，拓宽自己的视野并提升自我修养。

倾听不仅是一种尊重和谦逊的表现，还是谈判的秘密武器。通过倾听，我们能够深入了解对方的观点和立场，捕捉他们话语中的微妙变化，感受他们的情绪波动。这样的信息对于我们的表达至关重要，它能够帮助我们调整自己的语言和语气，使之更加贴近对方的感受，让我们在谈合作的时候更加容易打动对方，更准确地了解对方意图，及时做出判断扭转颓势，反败为胜。

善言者，必善听其言。倾听是表达的前提，善于表达的人，首先是善于倾听的人。

## 沉默是语言艺术中最好的"留白"

如果说语言是沟通的桥梁，那么沉默就是最好的留白。

沉默可能是一次紧张对话中的短暂停顿，给双方提供了思考和消化信息的空间；也可能是在激烈争论中的一种缓和手段，让情绪得以平复，从而更加理性地看待问题。

现实生活里，很多场合是巧用沉默来达到目的的。比如，与人交谈时，有些话不方便说出口，沉默就可以给自己和对方留有余地。谈判的时候，适当的沉默还可以给对方一种不确定性的压力，增加几分胜算。

在戏剧表演中，沉默是一种强有力的舞台语言，它能够通过演员的肢体语言、表情和眼神传达出比言语更加深刻的含义。

《道德经》云："大音希声，大象无形。"这句话的意思是，最美的声音是几乎听不到的，最好的形象反而看起来无形。这深刻地揭示了留白的艺术和哲学思想，即通过有意省略和沉默，创造出更为丰富和引人深思的效果。

在人际交往和自我修养中，适当的沉默是一种智慧。它不需要华丽的辞藻和复杂的解释，就能产生巨大的影响力。那些不爱说话、沉默寡言的人，往往能给别人一种稳重、靠谱的感觉，从而获得人们的信任和尊重。

梁崇义是唐朝时有名的大力士，能徒手把长兵器卷曲起来。为了图个前程，他去襄阳投奔了屡次打败安史叛军的名将来瑱，在来瑱手下做小兵。梁崇义是个沉默寡言的人，平时不显山不露水，大家都觉得他成熟稳重。他就这样一步一步升迁，做到了偏将的位置。

后来，来瑱在京城被人诬陷，皇帝将他处死。剩下的将士都逃回了襄阳。当时群龙无首，大家迫切需要选个人来当头儿。此时高级武官有梁崇义、薛南阳、李昭，但是大家一时间无法决定谁来当带头大哥。

此时将士们说："梁将军平时不声不响，为人持重老成，我们都信任他，希望由他来掌管部队。"就这样，梁崇义被一致推举为部队一号人物。随后，朝廷认可了这件事，并封梁崇义为节度使。

梁崇义沉默寡言的性格让他给人一种成熟稳重的感觉。特别是在遇到危机大家急需一个主心骨的时候，这样的人总能让别人放心、安心。梁崇义平时不多言、不多语，却使他在关键时刻的话语更有分量。

沉默作为一种特殊的沟通方式有着独特的魅力，可以缓解很多矛盾和冲突，让彼此之间的关系更加和谐融洽。某些情况下，沉默比千言万语更有力量。

在沉默中，我们可以倾听自己内心的声音，反思自己的行为和言语。这种自我反思的过程，不仅有助于我们修正错误，更能够促进个人的成长和发展。沉默也是一种尊重。当我们给予他人发言的空间时，我们也在展示我们对他人的尊重和理解。

有一位著名的禅师，他常常坐在寺庙的庭院中，静静地望着天空，不言不语。一天，一个年轻的弟子前来请教佛法，禅师并没有立即回答他，而是继续保持沉默，只是用手指了指旁边的茶杯。

弟子感到有些困惑，但他还是按照禅师的指示，端起茶杯，开始喝茶。茶水的温度适中，口感醇厚，弟子在喝茶的过程中，逐渐感受到了内心的平静。

喝完茶后，弟子再次看向禅师，发现禅师依然保持沉默，但眼中的光芒似乎更加明亮。弟子突然明白，禅师并不是在忽视他，而是在用沉默的方式向他传授佛法。他通过喝茶这个简单的动作，让弟子感受到生活的平淡与真实，也领悟到了佛法中的"平常心"。

禅师通过沉默和简单的动作，引导弟子去体验、去感悟，而不是直接告诉他答案。这种"无言禅"的教学方式让弟子有机会去发现真理，从而更深刻地理解和领悟。

生活中，我们需要善用沉默的智慧，遇事不要急于发言，开口之前先思考，在沉默中积蓄力量。当我们思考成熟后，我们的话语将更有"含金量"，沟通将更加高效。

沉默作为言语之外的一种强大沟通工具，力量在于其深邃与内敛。它如同一幅未完成的画作，留给观者无尽的想象空间，引导人们去探寻那隐藏在表面之下的真实与深意。

人们只有学会珍惜并善用沉默的力量，才能更好地与他人沟通，更深入地了解自己，也更能够在喧嚣的世界中找到属于自己的那份宁静与智慧。

## 多听少说,最不容易出错

人长了两只耳朵却只有一个嘴巴,可以理解为大自然让我们多听少说。

多听少说是一种智慧,是尊重他人的表现。它体现了对沟通艺术的深刻理解和对人际关系的细腻把握。多听,意味着我们能够更全面地理解世界,更深入地洞察人心;少说,则意味着我们能够避免无谓的冲突,减少因言语不当引发的麻烦。

无论是在家庭、职场还是在社会交往中，那些多听少说的人往往更懂得在沟通中保持谦逊和耐心。他们通过倾听来深入了解对方的想法和需求，从而更加精准地把握问题的关键，提出有效的解决方案，因而更容易赢得他人的尊重和信任。

在现实生活中，这种智慧屡见不鲜。比如会议上，决策者或领导都很少说话，他总是处在聆听的状态，引导大家发言，从而获得更全面的信息，再做出总结决策。在家庭里，寡言少语的人说话往往会比整天说个没完的人有分量，也更有威信。

在集体活动中，那些善于倾听的人，往往能够在团队中扮演更重要的角色。他们不会轻易打断别人的发言，而是耐心地听完大家的观点和建议，再做出总结。这种尊重和理解的态度，使他们在团队中更具影响力，也更容易获得他人的支持和认可。

在与人相处中，多听少说总不会错，这也是一种为人处世的智慧。在生活中，智者在处理复杂问题时，常常采用多听少说的策略。

安徽桐城人张廷玉是清朝名臣，康、雍、乾三朝元老。他是雍正朝保和殿大学士、吏部尚书、军机大臣，加少保衔，后加太保。

张廷玉居官数十年，似乎也没有做过了不起的大事，死后却配享太庙。要知道，终清一世，汉大臣以功配享太庙的，有且只有张廷玉一人。这是清朝历代皇帝给予汉大臣的唯一一次最高礼遇和殊荣。

文武百官中这么多能人干吏，为什么只有张廷玉得到这个"最高嘉奖"呢？众所周知，雍正皇帝是个"尖酸刻薄"的主，性子刚烈，但对张廷玉却始终重用、优待，甚至在死前发布遗诏，命其与鄂尔泰并为顾命大臣，并以张廷玉"器量纯全，抒诚供职"，使其死后配享太庙。

到了乾隆年间，又授予张廷玉总理事务大臣，加拜他喇布勒哈番，特命进三等伯爵,赐号勤宣,开创文臣爵位至侯伯的先例。

雍正饱含深情地回忆说:"彼时在朝臣中只此一人。"张廷玉回家探亲的时候,雍正赐给他玉如意,说道:"愿尔往来事事如意。"张廷玉才走几天,雍正就想他了,于是给他写信:"朕即位十一年来,朝廷之上近亲大臣中,只和你一天没有分离,我和你本是君臣,但情同密友。"

整垮年羹尧、隆科多以及若干弟弟的雍正,是发自内心地肯定、赞赏张廷玉。其中一个非常重要的原因就是,张廷玉为人谨小慎微,在长达数十年的宦海生涯中,始终谨守黄庭坚的名言"万言万当,不如一默",并且"终身诵之",奉为圭臬。

蜀汉丞相诸葛亮,不仅足智多谋,还谨言慎行,在历史上是备受赞誉的人物。他深知"多听少说"的智慧。这种智慧不仅体现在他的军事策略上,更贯穿他与人交往的每个细节。

处理国家大事时,诸葛亮总是保持谨慎和谦逊的态度。他明白,一个人的智慧和见识是有限的,只有通过倾听他人的意见和建议,才能更全面地了解问题,做出更明智的决策。因此,他常常召集文武百官,听取他们对国家大事的看法和建议。他认真倾听每个人的发言,仔细分析他们的观点,从中汲取智慧。

蜀汉建立初期,诸葛亮面临内忧外患的复杂局面。为了稳定局势,他没有急于发表自己的看法,而是先深入了解各方的意见和立场,走访了各地的官员和民众,听取了他们对国家政策的看法和建议。在充分了解情况后,诸葛亮开始结合自己的判断,提出一系列切实可行的策略和建议。

在与他人交流时,他总是耐心倾听对方的意见和想法,尊重他们的观点和立场。他从不轻易打断别人的发言,而是给予对方充分的表达空间。这种谦逊的态度,使他赢得了众人的尊敬和信任。

正因为这种"多听少说"的智慧和谨慎的性格，诸葛亮才能够在蜀汉建立初期稳定局势，为蜀汉的繁荣和发展奠定坚实的基础。这种智慧也成为他留给后世的宝贵财富，激励着后人不断学习和借鉴。

这两个历史名人的故事告诉我们，在与人交往和处理事务时，我们应该学会控制自己的言辞。多说无益，反而容易暴露自己的无知和错误，给自己引来不必要的麻烦。少说则能减少犯错的机会，保持内心的平静和清醒。

多闻者，能知应说、不应说的话。多听能够帮助我们辨别是非，知道何时该说话，何时应保持沉默。"多听少说"不仅是一种沟通技巧，更是一种生活哲学。它要求我们面对复杂多变的世界时，保持谦逊和耐心，通过倾听来学习和成长。

即使在必须发言的场合，我们也要多倾听别人的发言，通过深思熟虑的言语来表达和交流。这样我们不仅能够避免错误和冲突，还能够更好地实现自我提升，也能促进团体和谐。只有这样，我们才能更好地理解世界，更好地与人相处。

## 当对方出错时,最好先保持沉默

常言道:"人非圣贤,孰能无过?"人都会犯错。当别人出错时,我们应该如何应对呢?

不少人的第一反应就是马上冲出来指责。实际上,这样做不但不能让对方改正错误,还有可能引起对方的反感甚至愤怒。面对这种情况,我们最好先保持沉默。

只有愚蠢的人,才会在别人的错误面前炫耀自己的正确。

这种沉默不是默许或忽视错误的发生,而是用更加理智、更加具有建设性的方式来应对。

选择先保持沉默,可以为我们提供一个冷静思考的空间,避免我们的情绪化反应,同时也可以趁此机会观察对方的反应,了解他们的态度和感受。这样缓冲一下,再与对方沟通时,就能更加准确地把握情况,以更平和、尊重和理性的态度表达自己的看法。这种方式更有可能让对方接受我们的观点,并愿意与我们共同寻找解决问题的办法。

在现实生活中,这种现象并不鲜见。无论是工作中的合作伙伴,还是生活中的亲朋好友,当对方出现失误或错误时,我们如果第一时间指出来,即使充满善意,往往也会让对方感到不快。这种情况自然很难达到预期的效果,甚至有可能适得其反,让双方关系变得紧张。

比如,在团队合作中,如果当面指责犯错的同事,这不仅会影响当下对方的工作效率,还有可能影响整个团队的积极性;如果先保持沉默,私下里再沟通引导,让对方能够自己反思错误,那么在工作中,他会更加积极地解决问题。在家庭中,如果在众人面前指责犯错的一方,他有可能因为"没面子"而不接受,甚至为了找回面子引发更多的家庭矛盾。

《荀子·非十二子》说:"言而当,知也;默而当,亦知也。"意思是说话说得得当,是明理和智慧的表现;不该说话的时候能沉默得得当,也是明理和智慧的表现。在人际交往中,当对方犯错时,先保持沉默就是明理和智慧的表现。

东汉时期,有一位名将耿弇,他的父亲耿况也是有名的将军。耿弇在一次军事任务中因轻敌而失利,父亲得知后非常愤怒,当着所有将领的面公开指责他的错误。

耿弇虽然内心愧疚,但在众目睽睽之下受到父亲的指责,感到极为羞愧和尴尬,觉得自尊心受到打击,气愤之下反击了回去。然后,父子俩激烈地争吵起来。

其他将领和士兵在底下纷纷议论道:"你看看他平时那么嚣张,拽什么呀,还不是被骂得狗血淋头,大将军也是,哪有这样骂儿子的……"他父亲这样做不但影响了父子之间的感情,还让他们在下属面前失去了威信。

耿况在众人面前指责儿子,带来了预料不到的负面效果。即使是父子关系,沟通也要注意方式,不然就会激化矛盾,既让两人都下不了台,又伤了感情。这个故事提醒我们,在处理他人错误时,应当采取更为温和、理性的态度,尽量在私下沟通,给予对方改正错误的机会和空间,并通过建设性的反馈和鼓励,来引导和帮助他人认识到错误,促进其成长和进步。

王阳明说:"大凡朋友,须箴规指摘处少,诱掖奖劝意多,方是。"生活中,对于身边人做出的不妥之事或犯下的一些错误,即使我们当时发现了,也要分清对象、场合和时机,多数情况下不适合当场说破。金无足赤,人无完人。对待他人的错误,我们需要的是理解、宽容和建设性的沟通,使对方认识到错误并改正。一定要想办法委婉地表达观点,而不是简单粗暴地当面指责和批评,这是尊重他人的一种表现。

对方出错时,先保持沉默,有助于我们避免在情绪激动时做出冲动的决定或说出伤人的话,以平和、理性的态度与对方沟通。然后找到合适的时机劝诫,要少一点指责,多一点鼓励。这样别人更容易认识到错误,也更容易理解你的良苦用心,以免费力不讨好。

总之,在别人的错误面前,急于炫耀自己的正确,很容易引起别人的反感,也是愚蠢的沟通方式。只有先保持沉默,给自己和对方一些缓冲空间,从而更好地组织语言;也给对方恢复理智的时间,通过循循善诱的方式,让对方发现自己的错误。这才是高情商的处理方式。

俗话说,"满桶水不晃,半桶水晃得慌"。这句话形象地描述了一种现象：那些真正有学识、有能力的人往往表现得谦逊而稳重，那些学识或能力有限的人却常常自命不凡，喜欢炫耀自己。

《道德经》云："知者不言，言者不知。"真正的智者话都不多，话多的人大多比较无知。知者不言是一种人生哲学，也是一种个人修养。

真正有能力的人，从不轻易发表言论。他们深知人外有人，天外有天，认为知识是学无止境的，同时也认识到自身的渺小，因此总是保持谦逊和敬畏之心。那些只是掌握一些皮毛的知识，就以为自己无所不知的人，总是喜欢夸夸其谈、四处炫耀。他们的言辞虽然华丽，却往往缺乏实质性的内容，更有可能误导他人。这样的人，虽然看似聪明，实则无知。

"知者不言"并非意味着智者必须保持沉默，而是强调智者懂得在适当的时机和场合发言。他们知道，语言是一种力量，除了能传递信息以外，有时候能成就一个人，也能伤害一个人。因此，他们会在深思熟虑之后，以简洁而有力的方式表达自己的观点。他们的言辞虽然不多，但每句话都充满智慧和洞见能力，能够引起他人的共鸣和思考。

"言者不知"则是对那些轻易发言者的警示。他们可能并不了解事情的全貌，却急于发表自己的看法。他们的言辞可能充满偏见和误解，容易误导他人，甚至造成不良后果。这样的人，虽然说得很多，但真正有价值的信息却很少。

在古代，有一位叫扁鹊的著名医者，他医术高超，被人们誉为神医。扁鹊一生治病救人无数，但却从不轻易发表关于自己医术的言论。每当有人夸他医术高超，叫他神医时，他总是谦虚地说："我不过是尽我所能去救治病人罢了，对于医术的深奥之处，我仍有许多不懂的地方。"

一次，一位自诩医术高明的医者来到扁鹊的医馆，声称自己能够治愈各种疑难杂症。扁鹊听后，只是微微一笑，并没有与他争辩。那位医者见扁鹊没有反应，便更加得意，滔滔不绝地夸奖自己的医术如何了得。

正巧，一位重病患者前来求医，那位自诩医术高明的医者自信满满地接诊。然而，患者吃了几天药，不但不见好，反而有加重的趋势。患者吓坏了，赶紧跑去求助扁鹊。扁鹊经过一系列问诊和了解，判断出那位医者误诊了，两种病的症状有些相似，但治疗方法完全不同。扁鹊根据病情给患者调整了治疗方法，重新开了药。

不久，那位患者的病情明显有了好转。那位自诩医术高明的医者知道了真相，心中惭愧不已。他这才明白，原来扁鹊才是真正有本事的人，自己不过是掌握了一些皮毛，就以为无所不知。他向扁鹊道歉，并虚心请教。

扁鹊还是那句话："我没有什么高明的医术，只是尽我所能去救治病人而已。对于医术的深奥之处，我仍然有许多不懂的地方。以后咱们共同探讨，不断学习和探索，才能真正救治更多的病人。"

我们应该学习扁鹊的智慧，保持谦逊和敬畏之心，少废话，善沉默，用行动去证明自己。一个真正有智慧的人，是不会轻易开口说话的。他们深知知识的深度和广度，也认识到自身的渺小和无知。因此，他们总是保持谦逊和敬畏之心，对待学问总是怀着虔诚和敬畏之心。那些喜欢夸夸其谈、四处炫耀的人，往往并非有真知灼见，也并非有大智慧。

当然，这并不意味着我们应该完全避免发表言论或分享知识。相反，我们应该在适当的时机和场合，以谦逊和谨慎的态度分享我们的见解和经验，对自己说出的话自信而负责。

知者不言，言者不知，不仅是一种人生哲学，更是提醒我们要注重实际行动而非空谈。具有真知灼见的人在与人的交往中，清楚自身的能力，并不需要通过言语来向他人展示。

# 修口

三国名士嵇康的老师名叫孙登。孙登平时沉默寡言，不显山，不露水。嵇康跟他学习三年，除了上课，孙登很少聊一些课堂之外的话题。嵇康经常问老师，怎么评价自己，也许是想让老师夸夸自己，不过孙登总是保持沉默，不回应这个问题。

三年之后，嵇康毕业了，在跟老师孙登告别的时候，又问他："感谢先生多年教诲，如今我要走了，先生还有什么话要吩咐弟子的吗？"

孙登仔细打量着自己的学生，过了好长一会儿才郑重地说："你知道光与火的关系吗？光是火与生俱来的。火如果不懂得利用光亮，就等同于没有光亮。如同才华，是人与生俱来的，如果你不懂得挖掘和运用自己的才华，就等同于没有才华。当然，火发出光也需要一定的条件。比如，若要有光，就要有木柴燃起火，以保持火的光亮。同理，若想运用才华，就要遵从客观规律，了解外在的世界，如此才能成就自己。"

嵇康没想到临走了，还能听到老师这么富含哲理的话，心想：别看平时老师沉默寡言的，甚至看着有点木讷，原来肚子里这么有货，真是个高人啊。

生活中，我们也可以发现，那些喜欢高谈阔论的人大多是无知的，往往没有什么真本事，只能用语言来包装自己。相反，真正有实力的人往往是沉默寡言的，他们很少开口，但只要开口就会言之有物，给人以启迪。

中国有句古话叫大智若愚。真正有智慧的人，往往显得有些木讷，说话很少，这与老子的"大美不言"是同样的道理。所谓静能生慧，沉默中往往能生出定力和智慧，我们要学习"知者不言，言者不知"中蕴含的道理，少点空谈，多点行动，在不断精进自己的同时，开口就要言之有物，让我们的语言更有价值。

# 第七章 戒直言

——莫要直中取,要在曲中求

# 心直口快不是情商低的"遮羞布"

生活中总是有这样一种人,他们说话好像从来不过脑子,嘴巴反应超快,说话总是直来直去,有时候一句话能把人顶得肺疼。至于谈话对象能不能接受,会不会受伤,他们全然不关注。

有人说这样的人心直口快,没有坏心眼。虽然这话有一定的道理,但心直口快的人不考虑别人的感受,不懂得换位思考,是一种情商低的

## 第七章 | 戒直言

表现。

人是社会性动物，多数人会在意他人的语言反馈。有时候你不经意间的一句话，可能会成为压垮别人的最后一根稻草。同样的意思，如果能够换个方式说，就会让人舒服很多。

伍子胥的父亲伍奢本来深受楚平王重用，后来被陷害，连同伍子胥的大哥一起被处死。伍子胥逃到吴国伺机报仇。

在吴国，伍子胥向公子光举荐了刺客专诸，并设计让专诸用鱼肠剑刺死吴王僚，帮助公子光登上吴王之位，即吴王阖闾。

后来，伍子胥又推荐孙武加入吴国。等待了十余年后，他终于借助吴国的兵力，攻破了楚国。不过此时害死伍子胥父兄的楚平王已经过世，其子楚昭王继承王位，也把费无忌处死了。但是伍子胥性格刚烈，总觉得自己的仇还没有报。

后来，吴王阖闾在与越国的战争中遭遇惨败，得了重病，不久就去世了。伍子胥继续辅佐继承王位的夫差。伍子胥跟夫差的关系毕竟没有跟吴王阖闾那么铁，他直言不讳的性格逐渐让夫差厌恶起来。

吴王阖闾去世后，夫差带兵为父亲报仇，很快就把越国打败了。越王勾践即将束手就擒，此时范蠡献计派大夫文种出使吴国假投降。就在夫差被文种忽悠得要答应的时候，伍子胥站出来直愣愣地说："现在要是不乘胜追击把越国给灭了，早晚有你后悔的那天。越国有范蠡和文种这样的人才，一旦回去休养生息缓过来，对咱们可是大为不妙。"

可惜夫差是个骄傲的人，他沉浸在胜利的喜悦中，认为越国不足畏惧，并没有采纳伍子胥的建议。不过伍子胥显然不懂得沟通的艺术，后面进谏的时候依然耿直得过分。

夫差听说齐鲁不和，于是征召九郡之兵伐齐。伍子胥又跳出来进谏：

"我看不能这样干。越国才是我国的心腹大患,齐国不过是一点癣疥之疾,完全不值得关注。现在你兴师动众去打齐国,就是捡了芝麻丢了西瓜,小心越国乘虚而入,抄咱们后路啊!"

夫差一听伍子胥阻止自己耀武扬威,大怒:"我这马上要出兵了,你作为相国,净说些不吉利的话,惑乱军心,等我凯旋后,再修理你。"对于伍子胥的再次进谏,吴王夫差仍旧当耳旁风。

夫差大胜回来,百官都来朝贺,唯独伍子胥冷着脸。夫差问他:"你不让我出征,现在你看看,我大胜回来了,你脸红不?"没想到伍子胥直言不讳地反驳:"你真是高兴得太早了。上天要灭亡一个国家,会先给它点小恩小惠,然后再降下大祸。打败齐国不过是件微不足道的小喜事,我担心大祸要来了。"

夫差一听这话,噎得差点上不来气,气得好心情荡然无踪。没想到伍子胥气性比他还大,回去就要自杀,夫差赶紧劝住了他。虽然夫差没让伍子胥自杀,但对他的耐心也快消失殆尽。后来,越国又用"贷粟"的计谋算计吴国,伍子胥又说:"大王不听我的劝谏,三年后吴国就会成为一片废墟!"

在大贪官太宰伯嚭的谗言下,夫差终于忍不了了,就赐了伍子胥属镂剑,命他自尽。临死前,伍子胥依然耿直地说道:"我死之后,把我的双眼挂在城门上,我要亲眼看着越国灭吴。"

伍子胥去世十二年后,越王勾践攻破吴国,吴王夫差自尽身亡。死前,他后悔当年没有听伍子胥的话,死后无脸去见他,但已悔之晚矣。事实证明,伍子胥的每一次劝谏都无比正确,而且对吴王夫差忠心耿耿。然而,他疾恶如仇,性格刚强暴烈,说话实在太直、太难听,让人难以接受。这样的方式,是很难与国君搞好关系的,所以最终导致自己身死,吴国也被灭掉。这是他个人的悲剧，更是吴国的悲剧。

心直口快想说就说，即使出发点是好的，也往往让别人听起来非常刺耳，难以接受。所以，即使没有任何恶意，也要注意说话的方式方法，多考虑别人的感受和心理承受力，尽量不要造成相反的结果。

情商低的人，说话会让人不舒服。坦率是美德，但学会用别人更容易接受的方式说出真诚的话才是高情商的表现。说话直来直去容易伤人，千万不要把心直口快当作真性情，要学会察言观色，适可而止，三思而后"说"，从而达到曲径通幽的效果。

## 看破不说破,是宽容,更是尊重

现实生活中,我们都遇到过这样的人,大家心照不宣地忽略某些话题,偏偏有人像发现新大陆一样说了出来,场面瞬间尴尬。比如,明知道对方不愿提起初恋,他却偏偏三句话离不开那个渣男,让对方的情绪眼看着低落下去。

看不破对方的潜台词或者难言之隐,是愚蠢;看破却说破,是蠢上加蠢,甚至是恶毒。

## 第七章 戒直言

看破是一种智慧，不说破是一种善良。看破不说破，是理解别人的难处，是照顾别人的情绪，是同理心，是宽容，更是尊重，也是高情商的表现。

寇准是北宋时期的政治家和诗人，宋真宗时任宰相，力主真宗亲征抗辽，在"澶渊之役"中战功卓越。

当时朝中有个人叫丁谓，此人非常善于阿谀奉承，把宋真宗哄得十分开心。寇准做了宰相之后，把丁谓提拔上来，做了参知政事。《资治通鉴》记载了两人之间发生的一个故事。

一次聚餐，寇准留着长长的胡须，不小心沾上了汤汁。丁谓看到了，就恭恭敬敬地站起来，慢慢地给寇准擦干净，然后顺便夸奖了一下寇准的胡子。很明显，丁谓是想跟寇准拉近一下关系。

不过，寇准似乎看不上他的这种行为，说道："你身为朝廷重臣，难道主要工作就是给领导擦胡须吗？"一句话说完，丁谓就羞红了脸。丁谓认为寇准看不上自己，从此对他怀恨在心。

后来，宋真宗得了风湿病，皇后刘娥趁机专权干政。丁谓见风使舵，马上联合朝中大臣，支持刘皇后。寇准对此不满，就向宋真宗进谏，建议让皇太子监国。

此事被丁谓得知后，他立刻联合皇后刘娥，多次弹劾寇准。结果，寇准被一贬再贬，贬到蛮荒之地雷州，并在那里度过余生。

古人说："休与小人仇雠，小人自有对头；休向君子谄媚，君子原无私惠。"就像我们现在常说的，宁肯得罪君子，不要得罪小人。寇准的悲剧，根源就是没有管好嘴巴，即使看出丁谓是个溜须拍马的人，也没必要当面说出来，一旦说出来，就跟小人结了仇。结果导致自己被贬官，很多政治抱负无法实现。

# 修口

清代文学家郑板桥说过:"聪明难,糊涂难,由聪明而转入糊涂更难。放一着,退一步,当下心安,非图后来福报也。"很多事情,即使我们看破了,也不要说出来。看破不说破,是一种智慧;不动声色,是一种成熟。

商纣王非常自负,谁的话都不听。

一次,纣王的叔叔箕子入宫,看到纣王使用象牙做的筷子吃饭,就劝纣王:"现在用象牙筷子吃饭,以后怕是要用宝玉,接下来便不会再穿粗布衣服、吃粗茶淡饭了。君主越奢靡,百姓就越艰辛,这是亡国的征兆啊!"纣王听完很不高兴,逐渐疏远了箕子。

果不其然,纣王越来越离谱,搞起了酒池肉林。一天,玩着玩着,纣王突然发现自己整日狂欢,竟然不知道日期了。

于是,纣王问身边的人,今天是几月几日。他身边的人都是陪着他吃喝玩乐的酒囊饭袋,当然都是一问三不知。纣王想了想,估计叔叔箕子知道,就派使者去问他。

恰好当时箕子正在家中饮酒,得知纣王喝傻了忘记日期,刚要告诉使者,却马上改变主意,回答使者说:"我整天喝得醉醺醺的,早已忘记了时间!"

使者走后,他身边的人不理解,就问:"您是知道日期的,为何不告诉纣王呢?"箕子就给他解释:"纣王身为天下之主,竟然都能把日期忘了,这天下危险了。如果所有人都不知道日期,偏偏只有我知道,那我就危险了。所以,我只能说不知道。"

箕子作为商朝末年的名臣,是"殷末三仁"之一,他怎会不知道具体日期呢?但他看破了纣王的心思,不想成为纣王忌惮的对象,所以即使知道答案也不能说。后来,箕子通过装疯卖傻逃过了跟比干一样的下场。

箕子看破不说破,通过装糊涂,甚至装疯卖傻躲过杀身之祸,最后得以善终。有时候就是这样，"众人皆醉我独醒"会让自己成为众矢之的，成为别人攻击的对象。这时候你要学会不说破，避免暴露自己的真实想法，明哲保身。

历史人物中因为说错一句话而丧命的事例很多，而现代社会遇到这种情况的概率很小，但是要想把人际关系经营得更好，就要拥有看破不说破的智慧。洛克菲勒说：自作聪明的人是傻瓜，懂得装傻的人才是真聪明。

说话、做事要讲究一个度，看破不说破是恰到好处，看破也说破则是过犹不及。我们能看破别人的错误、谎言、伪装，这是我们的智慧之处；看破之后，我们能够克制自己拆穿、指点的冲动，则是更高层次的处世智慧。

看破不说破不是让我们选择冷漠，而是让我们在处理人际关系的时候，保持理智，保持分寸感，不要轻易干扰他人的命运。其实，大多数人小心翼翼隐藏的、不愿意被人看破说出的，往往不是阴谋，而是他们脆弱的尊严或难以启齿的隐私，选择不追问、不说破、不越界，是对别人的宽容和尊重。

## 忠言顺耳，更利于行

人们常说，"良药苦口利于病，忠言逆耳利于行"。意思是说，能治病的药是苦的，不好听的话有助于人们改正错误，改善行为。的确，有时候，那些刺耳的声音能够使人警醒，达到醍醐灌顶的效果。但是，人类天生是喜欢听"好话"的，不喜欢听批评自己的"逆耳"之言。如果我们把建议或批评用更柔和的方式说出来，是不是更容易让别人接受呢？

## 第七章 | 戒直言

心理学家斯金纳说:"当批评减少,而多多鼓励和夸奖时,人所做的好事会增加,而比较不好的事会受忽视而萎缩。"如果我们只会用"逆耳"的方式说出"忠言",那么很容易让人产生逆反心理。这样不仅没有起到忠言应有的作用,还伤害了彼此的关系。

当我们与别人交流,准备掏心掏肺说出"忠言"时,不妨采取迂回战术,不要把话说得那么直白难听,而是把话说得顺耳一些,因为忠言顺耳更利于行。

楚庄王是一位爱马之人。一次,他十分喜欢的一匹马因为吃得太饱,肥胖过度死掉了。楚庄王非常伤心,悲伤之余竟然让全体大臣致哀,还要把马用棺椁装殓起来,以大夫之礼下葬。

这件事太荒唐了,大家纷纷劝谏。不过楚庄王正在上头的时候,下令说:"谁敢因葬马的事来劝说我,我就让他给马陪葬!"众大臣都吓得不敢说话了。

优孟听说之后,鼻涕一把、泪一把地进入王宫。楚庄王问他怎么哭得这么凶,优孟回答:"我是为死去的马抱不平啊!楚国一个堂堂大国,这匹马又是大王最喜欢的,怎么只以区区大夫的礼制下葬呢!"

楚庄王一听,觉得有道理,就问:"那应该怎么办呢?"

优孟说道:"必须用君王的下葬礼制才配得上!要拿美玉做棺材,用梓木做外椁,让军队挖坟,让全城老百姓来挑土。要齐国、赵国的使节在前面陪祭,让韩国、魏国的使节在后面护卫,还要再给它建一座祠庙,放上牌位,用太牢礼祭祀,用万户之邑供奉。逢年过节,朝廷的大臣再像死去亲爹一样来哭灵。"

然后,优孟又加了一句:"当然,这样别的诸侯国可能会觉得大王您把人民看得很低贱,把畜生看得很重。不过无所谓,随他们怎么看呢!"

## 修口

楚庄王听出优孟的意思来了，说道："没想到我竟然错得这么离谱，那现在我应该怎么办呢？"

优孟说道："用它来祭祀五脏庙吧。用土灶做外椁，用铜锅做棺材，用姜和枣来调味，再加进木兰，用稻草做祭品，火光做衣服，让人们尝尝大厨的手艺。"

于是，楚庄王让主管膳食的太官把马烹饪了，并嘱咐他们不要乱说自己之前的打算。

逆耳的忠言在人性面前往往会撞得头破血流，不仅达不到目的，还有可能惹祸上身。如果这些忠言你非要说，那么就要像优孟一样，学会迂回战术。比如用正话反说的方式，让对方自己发现错误，这样忠言就顺耳许多，别人也容易接受。

晋灵公即位后，就开始为自己和妃嫔们的幸福生活大搞基建，修筑了不少宫室楼台。一天，他突发奇想，想要建造一个九层高的楼台。不得不说，他算是一个跨时代的建筑设计天才。

不过在那个时代，建造一个他设想中的"摩天大楼"，肯定需要耗费大量的人力、物力，甚至会严重影响晋国的国力。然而，晋灵公却不管不顾，顶着大臣的反对声轰轰烈烈地开工了。就这样干了好几年，征用了大量民夫，花费了巨额的钱财，这个工程也没完工，全国上下都疲惫不堪。

眼见大家都怨声载道，一意孤行的晋灵公明令宣布："有哪个胆大的敢提意见、劝阻我修建摩天大楼，就给我去死！"众人果然怕死，没人敢劝，晋灵公又下令继续施工。

这天，晋国大夫荀息求见。晋灵公一想，就知道他是来劝谏的，提前拉弓搭箭，摆好架势，等着荀息开口劝谏，只要他提到九层楼台的事，就立马把他射个透心凉。没想到荀息像是没看到晋灵公手中的武器一样，乐呵呵地对他说："大王上午好，我这几天学会一个杂耍，想表演给您看看，让您开心一下，怎么样？"

晋灵公一听，来了兴致，忙问："有什么好玩的？快表演给我看看。"

荀息神秘兮兮地说："我能把12枚棋子叠在一起，然后再在上面放9个鸡蛋！"

晋灵公全神贯注地看着荀息表演。荀息的手非常稳，12枚棋子被他摆在一起，然后又往上面放鸡蛋，旁边的人看得大气都不敢喘。晋灵公情不自禁地说："这太危险了，一会儿该摔下来了。"

荀息心想，你终于上钩了，于是趁机对晋灵公说："大王，据我所知，咱们国家还有比这更危险的事儿呢！"

晋灵公追问："比这还危险？是什么呢？"

荀息缓缓说道："三年了，九层之台还没完工，搞不好三年之后又三年，不知道还要几个三年。这三年来，男人离开农田，女人离开织机，大家都在搬木头和石块，忙着砌墙盖楼。国库里快没钱了，军饷发不出来，军需和武器都没法发放更新，别的国家正准备侵略我们呢。这样下去，国家怕是要亡啊，真到了那个时候，大王您怎么办呢？这难道不比摞鸡蛋更危险吗？"

晋灵公听完，额头上的冷汗冒了出来。他一下子醒悟了，马上下令停下这个工程。

我们习惯了"忠言逆耳"的说法，时常因为自己内心坦荡就选择用一些尖刻刺耳的语言去劝说别人。殊不知，不分场合和对象、不顾及别人感受的语言，不仅很难让别人接受，还容易伤害别人的自尊心，客观上反而阻碍了别人改正错误。

古人云："感人心者，莫先乎情。"劝诫或者批评别人时，一定不要有居高临下的心理优越感，不要用别人难以接受的语言，一定要充分尊重、理解对方，站在对方的角度考虑，做到直话拐着弯说，明话放在潜台词里说，强硬的话软绵绵地说……

总之，忠言顺耳，更利于行。用"顺耳"的忠言沟通，晓之以理，动之以情，才能让对方感受到温暖和真诚，从而获得对方的认可，让自己的意见得到重视。

# 提防容易得罪人的"口头禅"

曾经有个朋友,跟人说话特别喜欢问一句:"你明白我的意思吗?"比如,他去菜市场买菜,要买几个西红柿、茄子,也要跟对方说一句:"我要几个西红柿、茄子,要新鲜的,三五个就行,你明白我的意思吗?"

结果对方直接回一句:"到底是三个还是五个?"这位朋友就恼了:"三五个就是三五个,差不多就行,你明白吗?"忙碌中的摊主也急了:"不明白!你到底要几个?"旁边的人听起来觉得他们就像说相声一样。

很多人喜欢说这么一句:"你明白我的意思吗?"并把这句话当作"口

头禅"。所谓口头禅,原本指有的禅宗和尚只空谈禅理而不实行,也指借用禅宗常用语作为谈话的点缀。

如今,口头禅的意思引申为一个人习惯性说出的话。比如,有人习惯性地反驳"不是",还有人说"OK""随便""你听我说"等。这些语言不论无意还是有意,只要达到一定的频率,就算是"口头禅"。

习惯性脱口而出的口头禅,似乎对谈话的"贡献"无足轻重,其实,口头禅并非毫无意义。现代心理学认为,口头禅是一种心理的投射,可反映出人们的心理状态和内在特性。

有位年轻的宝妈林女士,原来是一家企业的中层管理者,收入还不错。生了孩子以后,她辞掉工作专心在家里带孩子,从此过上了花钱就要跟老公伸手的日子。

偏偏她的老公有点大男子主义,总是拿出一副"先知"的样子跟她说话,而且特别喜欢说"我早就说过"这句口头禅。就因为这种"未卜先知"的优越感,他常常不被同事、朋友喜欢。

林女士成了全职太太之后,又生了一个孩子,成为两个孩子的妈妈。这一下,家里的经济压力大了起来,而她老公因为公司搞"优化",虽然幸运地没被裁掉,收入却降了一大截,结果生活上捉襟见肘起来。林女士想减轻老公的负担,开始学习自媒体。

不过她老公是个惯会泼冷水的,张口就说她:"我早就说过,女人就要专心在家带孩子,要学会过日子,勤俭持家。你看看你,以前花钱大手大脚,从来不懂未雨绸缪,现在又病急乱投医,整天对着手机拍,能赚什么钱!"

不过林女士顶住了老公的压力,还是坚持学习了下去。这中间还有段小插曲,林女士的母亲心疼女儿,悄悄给了她一些钱,林女士就花几千块

## 第七章 | 戒直言

钱报名学习了新媒体课程。不过学习了一两个月后,林女士的短视频账号也一直不温不火的,收益很低。

这件事情被林女士老公知道后,又跟她吵了一架,大发脾气:"我早就说过,你过日子一点都没有计划,这种课都是割韭菜的,真是一孕傻三年,你就会败家。"

这次林女士实在忍不了了,也没跟她老公废话,直接带着孩子回了娘家。在林女士老家,母亲能帮她带娃,她每天有更多的时间拍摄剪辑短视频,讲述她在乡下娘家的生活。慢慢地,越来越多的人开始关注这个真实的全职宝妈,林女士的收入也越来越高。

过了一段时间,林女士的老公终于忍不住来找她,并提出接她回去。这次他开口第一句还是"我早就说过",可是没等他说出正文,林女士就打断了他:"既然你早就说过,你早就什么都看透了,那你知道我现在怎么想的吗?"

这下把林女士的老公问住了。他忘了说自己的口头禅,只是问道:"你是怎么想的?"林女士平静地说:"我现在这样过得挺好,不想跟你回去。你早就说过,我不会过日子,不能赚钱,那你还来找我干什么呢?"

林女士的老公一看她动了真格的,当场就傻眼了。后来,在林女士母亲的劝说下,两人重归于好。只是林女士的老公再说出那句"我早就说过",林女士就会追问一句:"说过什么?你能未卜先知吗?"

经历了这些以后,林女士的老公慢慢戒掉了这句口头禅,生活也逐渐走向正轨。

有些口头禅是很容易引起别人反感的,类似这种"我早就说过""你懂我的意思吗""你明不明白",会让人感觉说话者有居高临下的优越感。特别是当你并非该领域的权威专家,或者交谈的内容并不需要多么高深的专业知识，说出这类话就特别刺耳，听上去就像质疑对方的智商，把对方当傻子一样。

还有一些不文明的口头禅，如说脏话、骂人的；一些表示反对的，如"不是""我不这么认为"等，也都是我们要忌讳的。不合适的口头禅会让我们无意中得罪人，从而失去很多机会和朋友。

著名心理学家威廉·詹姆斯说过："播下一个行动，收获一种习惯；播下一种习惯，收获一种性格；播下一种性格，收获一种命运。"改变命运，从改变说话开始；改变说话，从优化甚至禁止说自己的口头禅开始。

"直球"太伤人，何不绕个弯？足球比赛中，一般来说，直球是比较容易防守的，弧线球防守起来就困难得多。我们在为人处世的时候，不能总打"直球"，直来直去嘴巴痛快了，谈话的效果往往就不好了。

特别是当我们谈话的对象不太友好，或者谈话的内容比较复杂，要解决的问题比较棘手的时候，更不能横冲直撞，要学会绕个弯，发一记弧线球，从而降低对方的防御心理，使我们的语言更容易被接受。

简雍是刘备的发小，也算是创业伙伴，他跟刘备的关系不比关羽、张飞浅。建安十九年（214年），刘备攻打成都的时候，成都墙高粮足，本来是很难打的，结果简雍单枪匹马入城劝降了刘璋。

四川虽是"天府之国"，但是古代生产力低下，遇到天灾也没有好办法。刘备夺取四川之后，正赶上旱灾，粮食大面积减产，军民填饱肚子成了问题。为了保证粮食供应及时，刘备出台了一系列法令，其中就包含禁酒令。

酿酒需要大量的粮食，因此选择禁止酿酒缓解粮食匮乏的局面是没有任何问题的。

在执行禁酒令的过程中却出现了纰漏。当时蜀国的官吏拿着鸡毛当令箭，只要在老百姓家中搜出酿酒工具，就算没有酿酒行为，也要"依法"

治罪。甚至发展到只要见到酒杯就得罚款，平时酒量大的人得重点关注。

这很明显属于打击面扩大化了。而且，当时粮食匮乏不许酿酒，并不意味着以后永远禁止酿酒，保留酿酒工具等禁令放开再用完全是合情、合理、合法的。因此，对于这种过度执法的情况，蜀国老百姓怨声载道。

简雍了解到这个情况以后，就想着劝谏刘备。但他必须找个合适的方式，不能直接去说，要照顾到刘备的面子，维护好领导的威严。

某日，简雍跟刘备一同外出，正走在大街上，灵机一动，指着前面一男一女说："前面这两个人有通奸的嫌疑，赶紧抓起来法办吧！"刘备顺着简雍的手看去，那穿着麻布衣服的男子背个褡裢显然是刚买完东西，那女子则衣着较好，不时在摊位上驻足挑选一些胭脂水粉。两个人走路隔着八丈远，很明显互不认识。

刘备看到这种情况，就有些不理解，问简雍说："你是认真的吗？这两人走在大街上，各走各的路，你凭什么说人家会伤风败俗呢？"

没想到简雍的回答让刘备很无语："因为他们身上都有作案工具啊！这不是跟谁家里有酿酒工具，谁就违反了禁酒令一样吗？"

刘备一听，也明白了简雍的意思。他从善如流，下令停止执行之前的法令。

简雍的聪明之处在于不直接说禁酒令的是与非，而是通过"推理"出一件还没有发生的罪案来类比"扩大化"的禁酒令。因为刘备很清楚定那对男女的罪行是荒谬的，从而反思目前正在推行的法令是否也存在相似的问题，这样就达到了提醒领导的效果。

想让对方接受自己的观点，就要照顾到对方的自尊心，找到对方容易接受的方式与方法。如果采用直截了当的表达方法，一旦不被对方接受，就很容易失去回旋余地，使沟通陷入僵局。

说话时迂回一下,后退一步,是为了更好地表达自己。用委婉的方式,会让对方心理上更舒服,从而更容易接受你的观点,也是一种高情商的表现。

《战国策》里记载的《触龙说赵太后》,就是一个"曲线救国"的典范。它说的是赵国被秦国攻打,不得已求救于齐国,但齐国要求长安君做人质才肯出兵救援。但是赵太后很溺爱孩子,舍不得让孩子出去"受罪",因此说什么也不答应。大臣们竭力劝说,却把赵太后惹怒了,"有复言令长安君为质者,老妇必唾其面"。

在这种僵局之下,深谙说话艺术的触龙没有像其他人一样只会"打直球",而是绕了个弯子,先不提让长安君到齐国做人质的事,而是以嘘寒问暖开局,拉近距离,降低赵太后的警惕性,然后感同身受地论及爱孩子这个话题,最后再引出长安君如果不经历磨难,就难以担当大任的政治远见,从而让赵太后在不知不觉中跟着自己的谈话节奏走,心甘情愿地安排长安君到齐国做人质。

林语堂在《说话的艺术》中提道:说话等于表达,但是要表达好一句话,是需要聪明才智的,倘若说不好,就很容易得罪人。日常生活中,很多人嘴上说着希望对方坦诚,有话直说,自己最喜欢坦率的人等等,但你千万不要当真。谁不愿意听委婉的语言、赞美的语言呢?如果你真的直言不讳了,场面可能就会陷入尴尬,别人的自尊心就会受到伤害。

我们倡导坦率、真诚地交流,但并不意味着不需要说话的技巧。为了维护良好的人际关系,仅有真诚、坦率是远远不够的。不管是出于顾及别人面子还是保护隐私,绕个弯子说话都更好一些。说话委婉一些,交谈双方心理负担都会更小,这样沟通效果就会更好。

## 懂变通,行人不与路结仇

张潇雨老师曾打过一个比方,说人生中的绝大部分问题,都像一块布上的褶皱。解决它们的办法,不是跟这些褶皱的部位较劲,而是把布的其他地方展平,这些褶皱自然也就消失了。花时间去研究这个褶皱本身的颜色、形状、材料学结构,反而是缘木求鱼。

人生在世,不论是在成长路上,还是学业、事业、家庭,以及人际关系的处理上,难免遇到各种磕磕绊绊,甚至在某些时刻,你会觉得前面就

## 修口

是一堵南墙，谁也不愿意为对方让路。这时候，你的选择是直挺挺地撞过去，还是变通一下绕过去或翻过去呢？

如果选择迎头相撞，不管对方如何，我们都可能会头破血流。特别是在跟人打交道的时候，即使我们大动干戈击败了对方，也只不过是多了一个仇人而已。我们的目标是远方的灯塔，而不是在路上跟人起冲突。

有时候，一条路看似走到了死胡同，但其实变通一下就能柳暗花明、豁然开朗。变通不是放弃，而是审时度势地找出解决问题的办法。懂得变通，就是一种进步。正如漫画家郑辛遥所说："在路走完的时候，并不意味着到了路的尽头，而是提醒我们是时候拐弯了。"

汉文帝和汉景帝共同缔造了"文景之治"。汉景帝希望将来自己也能像父亲一样，选择一个优秀的继承人，这样家族基业才能长青。

汉景帝首先将长子刘荣立为太子。自古母凭子贵，大臣也很支持立长子当太子，因此太子的母亲栗姬的地位水涨船高，很有希望成为母仪天下的皇后。

本来汉景帝也打算把太子母亲的地位再升一下，可惜栗姬自己不争气。汉景帝身体不太好，怎么都觉得自己会"走"到栗姬前面，但他放心不下后宫的皇子和妃子，如果将来栗姬成了后宫之主，这些人还得托付给她来照顾。

于是汉景帝叫来栗姬，跟她商量以后如何安顿后宫这些皇子、妃子。按说将来到了皇后这个位置，那就是后宫的大家长，这些皇子和妃子自然就不再是竞争对手。然而，栗姬却没有理解汉景帝的意愿，只顾着咬牙切齿地向他抱怨、告状，诉说着这些人的种种不是。

汉景帝的心一下子凉了半截，本来想让你给大家好好当家长，你却想怎么收拾人家，那你确实德不配位了。于是，栗姬第一次错过了皇后

## 第七章 戒直言

之位。

这还不算，栗姬不仅没能在汉景帝面前摆正位置，在长公主刘嫖那也把自己的路给堵死了。长公主刘嫖，就是汉景帝的姐姐、太子刘荣的姑姑，她一看大侄子当上了太子，就想跟他妈妈搞好关系，于是提出将女儿陈阿娇嫁给刘荣，也好亲上加亲。

如果栗姬能跟刘嫖搞好关系，那皇后的位置还是很有希望再争回来的。毕竟刘嫖除了跟汉景帝和太子刘荣有血缘关系之外，还深得汉景帝信任。但是栗姬却把刘嫖看成对手，直接拒绝了她。

结果，她就把刘嫖这个强力盟友推到了对立面。刘嫖跟王夫人达成合作，并把女儿许给了王夫人的儿子刘彻，也就是后来大名鼎鼎的汉武帝。刘嫖跟王夫人这对亲家开始对付栗姬。刘嫖天天在汉景帝身边说栗姬的坏话，同时说王夫人的好话。不过废立太子毕竟是国家大事，不是那么容易下决心的。

此时王夫人联合一名朝中大臣，让他建议汉景帝立栗姬为皇后。这一反向操作让汉景帝对栗姬极其不满，终于促使汉景帝下定决心，不仅栗姬彻底与皇后之位无缘，还连累太子刘荣被废黜，就连窦婴都没劝住汉景帝。

栗姬因此气怒交加，不久就去世了。

不懂变通、随意与人结仇的人是愚蠢的。本来皇后之位板上钉钉是栗姬的，但不知道她是因为智商不够还是被情绪左右了理智，抑或是儿子成为太子后她膨胀了，不但没有去团结一切可以团结的力量，反而处处树敌，甚至把强力盟友变成更强的对手，生生把路走绝了。

《周易》中讲："爻象动乎内，吉凶见乎外，功业见乎变，圣人之情见乎辞。"其中"功业见乎变"意思是说世间没有一成不变的事物，我们也不能僵化固执，要学会圆滑、变通。《周易》还讲："穷则变，变则通，通则久。是以自天佑之，吉无不利。"也在告诉我们懂得变通就能顺势而为，无所不利。

慧南禅师在修禅时忽然大彻大悟，作了这样一首偈："杰出丛林是赵州，老婆勘破有来由；而今四海清如镜，行人莫与路为仇。"对于最后一句"行人莫与路为仇"，我们可以这样理解：为人处世，不要轻易地为自己树立敌人，应该多变通，用更加宽容、开放的心态去结交人，化解矛盾，保持这种心态，就能达到某种超脱的境界。

在人际交往中，学会变通，与人为善非常重要。做人太过方正，不通世故，就会处处碰壁。善于变通的人，能够在与人沟通时更好地理解对方的需求和感受，从而建立起良好的人际关系。

学会变通，不轻易与人结仇，这不是妥协，也不是放弃，而是我们为人处世的一种智慧。就像流水一样，遇到阻碍的时候，可以换个方向，找到出路，从而蜿蜒不息。

# 第八章 戒矜言

——满招损,谦受益

# 最高明的"显摆"是自谦

中国人从古至今都非常看重谦虚的品质，甚至把它上升到"天道"的高度。《尚书》讲："惟德动天，无远弗届。满招损，谦受益，时乃天道。"所谓天道，就是万事万物都要遵循的规律，月盈则亏，盛极则衰，告诫人们不能自大自满。

《周易》也说："谦，德之柄也。"谦虚是做人的美德，在与他人的交往中，哪怕你地位低、学问见识浅，但如果能保持自谦的态度，也会赢得别

人的好感和尊重。我们常常把这种人称作"谦谦君子"。

戴震是清代著名语言文字学家、哲学家、思想家。他治学广博,音韵、文字、历算、地理无不精通,梁启超称他为"前清学者第一人"。

戴震从小聪明,是我们常说的那种"神童"。他过目不忘,十岁的时候,每天就能读好多文章,十七岁学习《说文解字》,深得精髓。对于《十三经注疏》,戴震"于疏不能尽记,经注则无不能倍(背)诵也"。总之,他是"别人家的孩子",妥妥的学霸。

戴震二十岁的时候,偶遇年过六旬的音韵学家江永,并拜他为师。江永精通三礼,旁通天文、地理、算学及声韵等,是个大学问家。

不过,江永的语言表达能力和心理素质较弱。某次有人推荐他做官,皇上召见时,他紧张得全身哆嗦,说话也磕磕巴巴,肚子里有货却倒不出来,于是他推荐了学生戴震。

戴震在皇帝面前的表现可以说是落落大方。他条理清晰,切中要害,语言中正平和,皇帝大为欣赏。看到戴震这么出色,皇帝再对比他老师的表现,于是就问:"和你的老师相比,你俩谁的才能更高呢?"

面对这个送命题,戴震不假思索地回答:"当然是我的老师高了。"皇帝又问:"你老师水平高,怎么说不出来呢?"戴震说:"我的老师年纪大了,耳朵有些背,可能听不清皇上的讲话,所以不敢随便回答。可是他的学问,却超过我一万倍。"

皇帝赞赏戴震的自谦,赐为翰林。后来,戴震被任命为四库馆纂修官,他校勘的《水经注》获得乾隆帝的嘉赏。乾隆亲撰御诗褒扬说:"悉心编纂诚堪奖,触目研摩亦可亲。设以《春秋》素臣例,足称中尉继功人。"

戴震的回答非常谦虚,没有因为皇帝欣赏就显摆自己、贬低老师。在"天地君亲师"作为传统伦理道德和价值取向的时代,他的自谦正是上合

"天心"的品德，自然能够得到皇帝的赞许。

托尔斯泰说：一个人就好像是一个分数，他的实际才能好比分子，而他对自己的估计好比分母，分母越大，则分数的值就越小。认识到自己的不足，懂得自谦的人，是真正有智慧的人，也是更容易成功的人。

19世纪法国著名画家贝罗尼，有一天在日内瓦湖边画画。

他正画得专注，旁边走来三位英国女游客。这三位女游客围着他，对他的画点评起来：一个说他的构图有问题，一个说他的线条不美观，一个说他的颜色搭配不协调。

贝罗尼听着她们的点评，微笑着点头，并且按照她们的意见修改起来，末了还真诚地跟她们说"谢谢"。三位女士看到贝罗尼这么虚心接受自己的"指点"，一个个喜笑颜开地离开了。

巧合的是，第二天，贝罗尼又遇见了这三位女士。那些女士看到他，交头接耳了一番，然后走过来问他："先生，我们听说大画家贝罗尼正在这儿度假，所以特地来拜访他。看起来您也是个画家，应该知道一些艺术圈的消息，请问您知道他在什么地方吗？"

贝罗尼微微一笑，向她们点头致意，说道："不敢当，我就是贝罗尼。"

三位女士大吃一惊，赶紧为自己昨天的行为道歉。

泰戈尔说：当我们是大为谦卑的时候，便是我们最近于伟大的时候。贝罗尼面对不如自己的人对自己的画作提出的批评或建议，首先想到的不是反驳，而是"有则改之，无则加勉"，一切为了让画作更完美，成就更好的自己，这就是一个真正的智者应该做的。

莎士比亚说，谦虚是最高的克己功夫。哲学家苏格拉底则在人们赞叹他的时候，谦逊地说："我唯一知道的是我自己的无知。"认识到自己的局限性，保持空杯心态，保持开放的心态，才能更好地成长与进步。

孔子周游列国时，在去晋国的路上，遇见一个七岁的孩子拦路，要他回答了问题才肯让路。孩子问道：鹅的叫声为什么那么大？孔子回答：因为鹅的脖子长。小孩又问：青蛙的脖子很短，为什么叫声也很大呢？孔子回答不上来，然后对学生说，我不如这个小孩，他可以做我的老师。

即使是圣人，也有知识盲区，同样需要保持谦虚，承认自己的不足。自谦不是自卑，更不会因此丢了"面子"，反而是一种胸襟、一种雅量。只有虚怀若谷的自谦，才有海纳百川的收获。时刻保持谦卑是一种人生大智慧，是我们为人处世的法则。

## 自夸是虚荣,被夸是殊荣

有一位年轻人,人长得高大帅气,头发有点自来卷,眼睛也大大的,比较招女孩子喜欢。他也对自己的容貌很满意,没事就拿出小镜子照,甚至经常自言自语:"我可真是太帅了!""这样的美男子,谁能不爱呢?"终于,有些女孩子看他的眼神从爱慕变成了白眼。

孔子在《礼记·表记》中有这样一段话:"君子不自大其事,不自尚其功,以求处情;过行弗率,以求处厚;彰人之善而美人之功,以求下贤。是故

君子虽自卑，而民敬尊之。"意思是，君子不夸耀自己做的事情，不宣传自己的功劳，不要求别人跟自己一样有德行，要保持忠厚、谦虚的品质。尊敬贤能的人，表彰别人的美德，赞赏别人的功劳，这样的人才能得到大家的尊敬。

中国人都"好面子"，这本来无可厚非，人人都有虚荣心，谁不希望自己受到别人敬重呢？不论是事业成功，还是家庭和睦，都是让人"有面子"的事，听到别人夸赞，即使嘴上谦虚，内心也会乐开花。这是自我价值的实现，是值得自豪的事情。

然而，有些人把面子看得太重，别人的一点负面评价就会让他"破防"，听到一点赞扬就忘乎所以，失去谦卑之心。甚至有些人，虚荣心完全战胜了理智，为了所谓的面子，就脱离实际，不管不顾地自吹自擂。

《聊斋志异》中有这样一个故事。

四川泯州的一位书生龚生到西安参加科举考试，在旅社休息的时候遇到一位姓苗的客人跟他攀谈，于是龚生邀请他一起喝酒。但是龚生发现这人粗俗豪放，就故意不再买酒了，倒是苗姓客人一边嫌弃跟穷读书人喝酒太闷，一边又买了一大坛子酒拉着龚生继续喝。

喝了酒的龚生继续赶路，半路上马却生病了。龚生是个文弱书生，没什么办法，只好坐在地上干耗着。苗姓客人从后边赶上来，看到龚生的样子，就帮他把行李卸下来交给仆人，然后自己把马扛起来，一溜烟走了二十多里到了旅店。过了好大一会儿，龚生和他的仆人才赶来。

龚生还是很懂人情世故的，买了酒菜感谢苗姓客人。

龚生考完试以后跟朋友在华山上游玩，野餐的时候苗姓客人忽然来了，还给他们带来一个猪肘子助兴。一开始大家都喝得很痛快，后来这帮文化人就开始对对联。对了一会儿，苗姓客人听着这些人的水平越来越差，开始不耐烦了，一通乱叫，还跳起舞，这帮人才终于住嘴。

在众人喝得醉醺醺的时候，有人又得意洋洋地开始朗诵自己的文章，自夸加吹捧。有的说"我这文章五百年才出一篇"，有的说"我的文章把考官大人惊得五体投地"，他们越吹越没边。

苗姓客人听不下去了，就拉着龚生划拳，继续喝酒。两人喝了半天，那些自吹自擂文章写得好的声音还没有停下。苗姓客人毫不客气地说："你们的文章又臭又长，我的耳朵都听得起茧子了。大庭广众之下，还是别污染别人的耳朵了。"

这些人被讽刺了之后，不仅没有停下，反而变本加厉地大声朗诵起自己的文章来。这下苗姓客人实在忍不了了，一声大吼，趴在地上变成一只老虎，扑上去几口就把众人吃掉了，然后咆哮着跑进山里，只留下龚生和乡试第一名靳生。

蒲松龄在故事中让苗姓客人变成老虎，吃掉了那些无病呻吟、以科举文章自夸的人，可见他对这种人有多么不屑和厌恶。常言道："人贵有自知之明。"高估自己还不自知，为了虚荣心而自夸，只能惹人耻笑。

莎士比亚说："轻浮和虚荣是一个不知足的贪食者，它在吞噬一切之后，结果必然牺牲在自己的贪欲之下。"真正有能力、有成就的人，应该保持头脑清醒、谦逊，不应该为了虚荣心而自吹自擂。

堪称伟大的科学家牛顿非常谦虚，他曾说自己之所以取得一些成就，是因为站在巨人的肩上。他还这样评价自己："我只是一个在海滨玩耍的小孩子，有时很高兴地拾到一颗光滑美丽的石子儿，而真理的大海还是没有发现。"

王觉生是光绪时期的礼部侍郎，他的书法学习宋代的黄庭坚，并且将汉隶及魏晋唐之名碑、帖融会贯通，创新出形体长方的正行书，时称"埒体"。当时找他写书法的人很多,大部分是商人。

一次,他给求字的人写了一幅字,写完之后,自己越看越喜欢,然后就得意洋洋地请陈恒庆点评。没想到陈恒庆看不惯他自吹自擂的样子,说道:"在我们家乡有个唱戏的,这人的脸很长,跟驴脸一样,几乎有一尺。大家都说,他的脸要是从中间劈开,还能分成两个长脸。您写的字,跟那位戏子的脸差不多。"

虚荣的人精神是匮乏的,为了所谓的面子自吹自擂并不能换来大家真心的敬重。我们要正确对待"面子"的诱惑,努力追求"里子",把提升自己、丰富自己的内心作为目标,放低姿态,保持谦逊,才能不断进步。

人生的真谛不在于自我标榜,而在于通过行动成为什么样的人。我们只需要默默耕耘,经过时间洗练收获更好的自己。等到我们惊艳众人、收获大家发自内心的夸赞,那才是我们真正能够配得上的殊荣。

## 话不说满,才能给自己留后路

人们常常追求"完美",家庭要美满,配偶颜值要高,情商、智商要在线,孩子听话有出息,工作轻松不缺钱,健健康康,无病无灾,长命百岁……这恰恰是与自然规律相悖的。《道德经》言:"天道忌满,人道忌全。"这句话讲的是宇宙运行的规律,凡事忌满。

作家莫言也说:"世界上的事情,最忌讳的就是个十全十美。你看那天上的月亮,一旦圆满了,马上就要亏仄;树上的果子,一旦熟透了,马上

就要坠落。凡事总要稍留欠缺，才能持恒。"月满则亏，水满则溢，这是一种人生哲学，万事万物一旦达到顶峰，就该走下坡路了。

过犹不及，物极必反，说话必须给自己留有空间，不要过头，不要太满，要讲究好"度"。给人承诺的时候，留一分话，降低别人的预期，做出来的事就容易超预期。评论某人某事，留一分话，是一种尊重，也会避免自己被"打脸"。总之，话不说满，学会留白，就是给自己留一条后路。

希拉里的自传《活着的历史》出版后，很多人并不看好，认为这本书很难畅销。美国有线新闻网络脱口秀节目主持人卡尔森更是"看衰"希拉里，他甚至公开宣称："她不可能卖得好，我敢打赌，如果超过一百万本，我就把鞋子吃下去。"

这话确实说得太满了，也太早了。这本《活着的历史》一上市就创造了"奇迹"，仅仅第一天就卖出 50 万册，几周之后，销量就达到惊人的 100 万册。

在卡尔森惴惴不安的等待中，他迎来了希拉里亲自送来的鞋子。最初，他是崩溃的，自己说出的话，含着泪也要吞回去。在卡尔森节目的录制现场，众目睽睽之下，卡尔森含泪拿起鞋子，眉头一皱，张开了嘴。

好在希拉里还是厚道的，鞋子是用蛋糕做的。卡尔森吃得津津有味，在味蕾得到满足的情况下，他也意识到当初的话给自己挖了多么大的"坑"。

古人云："处世须留余地，责善切戒尽言。"话不说满是一种智慧，一旦把话说得太满，甚至过了头，就像给自己在身边砌起两堵墙，自己只能在窄窄的夹道中行走。如果出现"意外"，事情没有按照自己预想的方向发展，那么连个回旋的余地都没有，就会被自己的话堵在死胡同。

曾国藩说："话不说尽有余地，事不做尽有余路，情不散尽有余韵。"

## 修口

真正的聪明、有格局的人，从来都是思虑周全、言语留三分的，从来不让自己陷入被"打脸"的尴尬境地。话不说满，既是给别人留余地，也是给自己留台阶，这样方能进退自如。

1889年，有"浪漫之都"之称的巴黎承办了世博会。为了展示法国的成就和人类文明的荣光，坚定法国人的自信心，组委会决定建造一座纪念碑。

在众多的设计方案中，53岁的古斯塔夫·埃菲尔设计的钢铁结构的拱门高塔方案最终胜出。不过这个方案却遭到很多艺术家的反对。巴黎《时代报》刊登出艺术家和建筑师联合签名的抗议书。在这份《反对修建埃菲尔铁塔》抗议书上签名的有古诺德、莫泊桑、左拉、小仲马等300多人，几乎囊括当时法国文艺领域的领导人物。

著名文学家、短篇小说之王莫泊桑认为，巴黎不应该存在这么一个丑陋的铁家伙竖在塞纳河畔，还说："有塔没我，有我没塔！巴黎如果建成铁塔，我要永远离开这个城市！"

埃菲尔没有过度回应外界的声音，只是埋头苦干，致力于完善埃菲尔铁塔独特又轻盈的造型设计。

埃菲尔铁塔建成后获得全世界的肯定。直到纽约克莱斯勒大厦竣工，在长达41年的时间里，埃菲尔铁塔都保持世界最高建筑物的纪录。

按理说最尴尬的应该是莫泊桑，人们都等着看他什么时候离开巴黎。不过令大家始料未及的是，莫泊桑竟然是来这里吃饭和用下午茶次数最多的人。

当别人问起莫泊桑之前对铁塔的态度，他只能尴尬地给自己找了一个借口："我之所以来这里，是因为这里是巴黎唯一看不见那座破塔的地方。"

国学大师曾仕强说过："说话不能说太满，当你说'一定'的时候就已经错了。"凡事都可能存在变数，任何言语只要说得太满，都有"打脸"的风险。《中庸》中说："庸德之行，庸言之谨，有所不足，不敢不勉，有余，不敢尽。"《朱子家训》中也说："凡事当留余地，得意不宜再往。"这都告诫我们说话不可太满太尽，要有所保留。

话不说满，并不是一种圆滑，而是成熟的人生哲学。我们无法看透未来，事物发展有很多可能性。说话、做事要做到防患于未然，考虑到意料之外的情况发生。不管是评论还是承诺，说话的时候都要留出可以容纳意外的空间。

曾国藩说："留一分余地，可回转自如；不留余地，则易失之于刚，错而无救。"真正聪明的人都知道，话不说满留余地，事不做绝留退路。在与别人说话时，可以试着把"我肯定""绝对没问题"这样的话改成"我试试看""我尽量"这样的字眼，降低对方的预期，给自己留下回旋的空间。这样说话，会让我们更容易做到进退有度、游刃有余。

# "达克效应"：你的"大话"只有自己相信

某菜市场门口常年有几位大爷在下棋，往往围着一群人观棋支招。一天路过这里，却见大爷们没在下棋，反而围着一位老头听他"演讲"。凑过去听了几句，发现是有位老大爷正在宣传自己学会的一项新技术：熟鸡蛋孵小鸡。

严重高估自己，或许是"达克效应"在作怪。

据说是一所学校新的研究成果，还在刊物上发了论文。这所学校还有些别的"科研"成果，比如原子能量波动速读、土遁水遁……听到这里，

## 第八章 | 戒矜言

有围观的人扭头就走,也有人递上刚买来的茶叶蛋让老头表演,老头恼羞成怒,跟送熟鸡蛋的人打了起来,成为笑料。

类似的事情相信很多人遇到过,总是有些人能够说出特别违反常识甚至是荒谬的话来。他们不仅自己深信不疑,还当作真理到处去宣传,让人忍俊不禁,只能当作"脱口秀"来看。

在心理学上,有一个名词叫"达克效应",它的全称是邓宁-克鲁格效应。"达克效应"简单来说就是,完成特定领域的任务时,个体对自己的能力做出不准确评价的现象——能力低者会高估自己的能力,甚至显著超过平均水平,能力高者会低估自己的能力。用更加通俗的话理解就是,越无知的人越自信。

2018年3月,61岁的迈克·休斯在美国加利福尼亚州莫哈维沙漠进行了一场个人飞行。他乘坐自制的"研究地平"号火箭,在一群来自国际知名媒体机构的新闻从业者的见证下,一飞冲天。

戴着墨镜、穿着飞行员夹克的迈克·休斯希望自己站在高空能够看到地球的全貌,然后向全世界证明:"地球是平的!""地球的形状就是一块又圆又扁的煎饼!"他要启迪全世界被蒙蔽的人们:"你们全被虚伪的政府和暗黑科学家给骗了!"

火箭发射非常成功,在这之前,迈克·休斯的火箭从没飞出去过。但是,火箭在571.5米的高处失去动力,自由落体般掉下来摔成两截。迈克·休斯背着降落伞,晃晃悠悠回到地面。他很幸运,只摔断了一条腿。

随后,迈克·休斯第五次登上《华盛顿邮报》。当然,这次报道仍跟绝大多数媒体一样,夹杂着对这位"地平教徒"的讽刺挖苦。他们完全是以一种围观马戏团的猎奇心态在报道此事。

然而,迈克·休斯对他的理念坚信不疑。在有着相同理念的人们的支持下，他们成立了"国际地平协会"，只要缴纳 12 美元，你就可以成为他们的会员。他们还自办刊物，不仅大肆赞扬迈克·休斯，还不断宣传"科学侮辱你的智慧""重力并不存在"……

有媒体做过一项调查，他们向公众提出一些非常离谱的观念，比如地球是宇宙的中心，太阳围绕地球转，个子高的人跑步容易缺氧等，让大家做判断。结果表明，任何一条离谱的概念，都有 20% 左右的人选择相信。这就是"无知五分之一法则"。

从这个调查结果来看，很大比例的人是存在认知障碍或者知识误区的。对此，我们应该很清醒地认识到，遇到不熟悉的领域，如果只凭以往的经验和直觉来判断，那么我们很可能是那无知的五分之一中的一员。

《太平广记》里讲到两个读书的老头都觉得只有自己学的才是正经学问，对方学的是假道学，为此争执不下，谁也说服不了谁。

于是，两人去找孔子评理。孔子在那个年代相当于"百度"，还是很有权威性的"百度"。

结果，孔子的处理方式出乎意料。他没有评论谁对谁错，而是郑重地从台阶上走下来，毕恭毕敬地对着他们九十度鞠躬致敬，然后说："学问本来就宽广如海，又何必一定是相同的呢？两位老人家都学富五车，才高八斗，都是大学问家。你们学的都是正经学问，我素来也仰慕两位，恨不得早点认识，向你们请教学问。你们学的怎么可能是假道学呢？"

两个老头听到孔子的话，通体舒泰，再看对方，好像也没那么讨厌了，心满意足地走了。

孔子的学生有些疑惑，就问他："老师，你变了，什么时候成了马屁精？"

孔子回答说："你还是年轻啊！咱们的时间不值钱吗？遇到这样的人，

赶紧哄骗他们早点走就是了，招惹他们干什么呢？"

有时候，人与人之间的区别，比人与大猩猩之间的区别都大。因此，两个人交谈时，如果双方认知不在一个层面，基本上属于鸡同鸭讲。遇到这种情况，在认知高的人眼中，认知低的人所说的话，基本等同于笑话。

希腊德尔斐神庙门楣上刻着这样一句话："Know yourself（认识你自己）。"真正的智者，能够认清自己的能力边界，知道自己的无知，不会严重地高估自己，也不会打肿脸充胖子，去说那些自己认知之外的事物，或者做出超出自己能力之外的承诺。

曾经有位登山运动员为了攀登珠穆朗玛峰准备了好几年，但在攀登到海拔 7000 米时，尽管还有一些体力，他却毅然选择后撤。很多人表示不解，他却说："7000 米对我来说，已经是一个奇迹了。"他清楚地知道自己的极限在哪里，勉强登顶只会让自己陷入危险。

人生有三个境界：见自己、见天地、见众生。很多人往往连第一个门槛都没有跨过。如果始终错误地认识自己、高估自己，又如何能够达到后面两个境界呢？

尽力而为，更要量力而行。心中有数，口中才能从容不迫。一个人如果无法认清自己的能力和见识，却盲目自信，那么再荒谬无知的话都敢说出口。这样的人，别人又怎敢深交、怎敢信任呢？

一个人最难得的是对自己有正确的认识，不怕暂时没有能力，怕的是自以为太有能力。只有认清自己，才会守住心、守住口，不逞能，不过度承诺，不发表超越自己认知的言论。

# 自信让人发光,狂妄惹人生厌

自信的人身上有一种迷人的能量,他们沉着冷静,目光坚定,身上散发出一种胸有成竹的气质。自信的人非常清楚自己的能力。因为自信,他们敢于争取机会;因为自信,他们的语言有着强大的说服力;因为自信,他们更容易得到人们的信任。

自信能让人发光,而缺乏自信的人,说话做事没有底气,瞻前顾后不敢担当,很容易失去机会或让人失望。不过,自信很容易让人越过边界,

变成"自负"。人一旦变得自负,说话做事就会带着一股子骄傲,从而变得狂妄、自命不凡,令人生厌。

王阳明写了一个扇面《书正宪扇》,告诫儿子说:今人病痛,大段只是傲。千罪百恶,皆从傲上来。傲则自高自是,不肯屈下人。故为子而傲,必不能孝;为弟而傲,必不能弟;为臣而傲,必不能忠。象之不仁,丹朱之不肖,皆只是一"傲"字,便结果了一生,做个极恶大罪的人,更无解救得处。汝曹为学,先要除此病根,方才有地步可进。

骄傲是一种病,它会让人变得自负、自以为是,从而内心膨胀,外在表现便是狂妄。清代山阴金先生说:"为人行事勿猖狂,祸福渊潜各自当。"一个人太狂妄,不仅会刺痛别人,还容易引火自焚。

唐伯虎是有名的大才子,可以说是才华横溢,而且年少成名。他15岁补苏州府府学附生,诗、书、画样样精通,后来被誉为"江南四大才子"之首。不过他太过骄傲,不懂得收敛锋芒,言语之间"豪气"太盛,每每引起别人的反感和嫉妒。

唐伯虎先是参加应天府乡试,结果随随便便就考了个第一,人称唐解元。从此,唐伯虎更加骄傲。而且,才子风流,他在生活上比较放荡不羁。好友祝枝山和文徵明都劝他收敛点,他却说自己生来如此,如果你们看不顺眼,咱们就绝交好了。最终,恃才傲物的唐伯虎与文徵明翻了脸。

后来,唐伯虎去参加会试。会试由大学士李东阳亲自出题,出得比较冷门,很多考生被"烤糊"了。只有唐伯虎考完后摆上酒席大肆庆祝,扬言自己肯定还是第一名。放榜后,他确实高中了,好朋友徐经也考上了。

联想到放榜前他提前庆祝,再加上对他的狂妄不满,有人便状告唐伯虎作弊。朝廷一查,果然有人作弊,然后把他和徐经等人抓起来,一顿拷打。最后没什么证据证明他作弊了,最大的罪过不过是徐经给考官送过钱，但不是买题用的，而是求人写墓志铭，顶多算得上拉关系。

但是那时候官场上各派系斗得厉害，没事也找出问题来，而且唐伯虎无法完全证明自己的清白，结果是下狱贬官。《孝宗实录》详细记载了此事，本案的主考程敏政、考生唐寅和徐经虽然受到处罚，却不是因为作弊，而是因证据不足另定别罪。

遭遇不公正的待遇之后，心高气傲的唐伯虎备受打击，他不愿意去上岗当地方小官，从此浪迹江湖，与仕途再也无缘。

状元没考上，大官没当上，却无故挨了一顿拷打，还被关了一阵子，唐伯虎倒霉透了。他的妻子听说唐伯虎卷入科场舞弊案，以后怕是难有大好前途了，也整天跟他大吵大闹，最后离他而去。总之，这个案子不仅断了唐伯虎的功名之路，还拆散了他的家庭。

这件事情中，唐伯虎虽然冤枉，但是自己也有很大的责任。"木秀于林，风必摧之……行高于人，众必非之。"本来名气太大就容易遭人妒忌，他还管不住嘴巴，太招摇，太狂妄，这不是故意吸引火力吗？

一个人太过骄傲狂妄，很容易树敌，遭遇来自四面八方的暗箭，还可能被人利用，设下陷阱。

三国时期的关羽，是忠义的代表，也是无数人膜拜的英雄。他确实有骄傲的资本，义薄云天，武艺高强，温酒斩华雄，过五关斩六将，有着骄人的战绩。关羽也确实狂妄，比如对战抬着棺材出战的庞德时，关羽上来就是两句话："关云长在此，庞德何不早来受死！量汝一匹夫，亦何能为！可惜我青龙刀斩汝鼠贼！"

对敌人狂妄也就罢了，反正大家都是提刀互砍，又不是交朋友。但是他对待盟友态度也是如此。比如，对同为五虎将的黄忠，关羽评价他"大丈夫终不与老卒为伍"；江东之主孙权派使者为儿子求婚，关羽却说"吾虎女安肯嫁犬子",骂堂堂"江东集团董事长"为"狗"。

其实有些人,即使不能成为朋友,也没必要变成敌人。关羽正是因为骄傲自大的性格被东吴利用,导致他大意失荆州、败走麦城,最终丧命的下场。莎士比亚说:一个骄傲的人,结果总是在骄傲里毁灭了自己。

王安石也是如此,他是大学问家,担任宰相之后,更是对同僚不屑一顾。新法需要同僚支持,王安石无法说服他们,于是直接说道:"你们如果和我一样多读点书,就不会在这里说三道四、错误百出了。"言外之意就是,你们书读得太少了,没有我博学,就别对新法说三道四了,理解要执行,不理解也要执行。

就像现在讽刺别人"人傻就要多读书"一样,那可是一群要面子的读书人,被王安石这样一说,能不嫉恨他吗?一句话就把人得罪光了。大臣们不配合,王安石只能找一些没能力的小人,导致新法很快就失败了。

一个人如果总是口出"狂言",就很容易招人恨。曾国藩言:"人败离不得个逸字,讨人嫌离不得个骄字。"做人不要太看得起自己,也别太看不起别人。人若狂妄,就会缺少谨慎之心,缺少敬畏之心,做事就容易造成纰漏,铸成错误,或者引来别人的算计,遭遇祸患。聪明的你一定要明白,你是嘴上要赢,还是真的要赢。

北京大学流传着这样一件趣事:一位新生去学校报到,没人照看行李,看到一位穿着朴素的老人,以为是保安,便请他帮忙看着行李,自己去办手续。

结果,那位老人在烈日下老老实实等了半天,直到学生办好手续回来才离开。后来那位学生才知道,这位被他"安排"照看行李的老人,居然是国学大师季羡林。

真正的智者和强者,如季羡林一样,从来都是沉静如渊,不动如山。

## 修口

他们从不口出狂言,从不显山露水。《论语》言:"君子泰而不骄,小人骄而不泰。"曾国藩也说:"谦卑含容是贵相。"自信而不自傲,才是我们应该追求的境界。